僕は村のお医者さん

語り　市川晋一

推薦の言葉

秋田の「赤ひげ先生」

秋田県医師会顧問（前医師会長）小玉　弘之

秋田魁新報に連載された市川晋一先生の「時代を語る」が出版されることをお聞きし、大変うれしく思いました。市川先生が医師を目指した動機や病院医師として活躍されていた当時の働きぶり、そして農村医学を志したきっかけを知り、第10回日本医師会赤ひげ大賞受賞者にふさわしい医師としての歩みであったと今さらながら感銘を受けました。冬には雪深い診療所で、日々患者さんの命と人生に真正面から向き合い診療を続けておられる市川先生のような存在は、紙面での連載当時に県医師会長として秋田の地域医療に携わった私にとって、大変ありがたく、また同時にうらやましくも思ったものです。

少子高齢化・人口減少社会先行県である秋田県では、将来予想される社会構造の中で医療提供体制の在り方が大きな課題となっています。特に、人口減少・高齢化が進行する中、山間地域の医療については自治体による「かかりつけ医」の政策的な配置が求められると考えます。そのような中、市川先生の医師としての履歴書とも言える「時代を語る」が出版され、多くの医学生、医師が読むことで、農村医学、医療過疎地域での診療に大いに関心を持っていただく機会になると確信しています。さまざまな社会環境の変化、価値観の変化によって、地域に根を張って診療するいわゆる「土着医師」がなかなか生まれてこない実情があります。市川先生は、土着医師として、また教育者、文化人としても地域にとってなくてはならない存在です。

秋田の農村医療の第一人者、そして秋田の「赤ひげ先生」の半世紀にわたる医師としての生きざまが詰まった「時代を語る」は、医療者だけでなく県民の皆さんにとっても楽しく読んでいただける内容です。

ぜひ本書を手に取り、市川先生のユーモアあふれる温かい人柄に触れてください。

目次

■推薦の言葉

■僕の原点

■医の道を志す

■秋田大学医学部へ

■医師になる

本書は秋田魁新報の聞き書き連載「シリーズ時代を語る」(2022年3月28日~5月8日)を一冊にまとめたものです。一部を加筆・修正しました。(聞き手=鈴木亨)

僕は村のお医者さん

■僕の原点

秋田に恩返しの日々

医者は常に生と死に向き合っています。診断や治療を通して生きるお手伝いをする一方、最期のお見送りに寄り添うこともしばしばあります。

仙北市西木町の西明寺と桧木内の診療所で患者さんを診るようになって20年余になります。赴任当初は西木村の診療所でした。当時、村の人口は6千人強。面積の9割が山林という土地柄です。少年時代から医師に憧れ、高校以降は農村医療に就くことを目標としてきました。

秋田大医学部に3浪の末、入学することができました。長い浪人生活。合格の知らせが届いた時には、「秋田に救ってもらった」という思いがこみ上げてきました。それ以来、秋田に「恩返し」するつもりで日々を過ごしています。

生まれ育ったのは兵庫県の姫路市です。阪神大震災で甚大な被害に遭った神戸の西側に位置しています。白鷺城の異名を取る世界遺産の姫路城が有名です。そのお城のすぐそばで高校まで暮らしていました。関西人のせいもあるのでしょうか。秋田人の温かさが身に染みます。

本来の専門は泌尿器科です。腎臓や膀胱《ぼうこう》、前立腺といった臓器の病気を診ます。ただ、泌尿器関連で最も多い患者は排尿障害などの「尿漏れ」です。尿漏れを診る専門医が少なく、仙北市内や隣の大仙市に限らず、湯沢市や北秋田市などほぼ全県から来所します。このおしっこ外来により診療所経営も大いに助かっています。

尿漏れは高齢者ほど起きやすくなります。そ

農村医療の最前線・仙北市西明寺診療所の診察室で

の患者増は高齢化の進行をよく表しています。高齢化が進めば進むほど多くの病気にかかります。予防に力を入れる一方、どんな病気であれ全ての患者を受け入れて治療、生活面のケアも含めてどう要望に応えていくか—。それに懸命に取り組む毎日です。

読書で医者に目覚め

昭和26（1951）年5月19日、兵庫県の姫路市で生まれました。父の市川一義、母千里の長男。後に弟が2人生まれ、3人兄弟となります。父は神戸の商事会社を経て、生まれ故郷の姫路で履物店を経営。母も店を手伝っていました。

多い時で3店、番頭以下の店員も10人ぐらいと結構繁盛したようです。戦後復興から高度経済成長へと向かう時代背景も味方してくれたのでしょう。お金持ちではなかったけれど、生活に困ったという記憶もありません。腰の低い「商人かたぎ」がフランク（率直）で話のしやすい私の性格へと受け継がれたような気もします。

姫路といえば何といっても「姫路城」です。この名城とともに歴史も街並みも形づくられてきました。自宅はその城郭のすぐ南側にありました。ちょうど天守閣が眺望できるような位置でした。

お城は格好の遊び場でもありました。とにかく広大です。平成5（1993）年、日本で初の世界文化遺産に指定された際に知ったのですが、優に100ヘクタールを超えます。子供だったからでしょうか。当時は入場料を取られることもなく、天守閣にも自由に出入りしていました。

親から「勉強しろ」と言われた覚えはありません。ただ、小さい頃から本好きで、小学校に上がってからは学校図書室の本を片っ端から読み始めました。時間が惜しくて本を広げながら下校、あっという間に近視になったほどです。

特に好きだったのが歴史や文学。そんな伝記物で出合ったのが、梅毒や黄熱病の研究で知られる野口英世、

いつもそばにあった故郷の象徴「姫路城」＝昭和40年ごろ

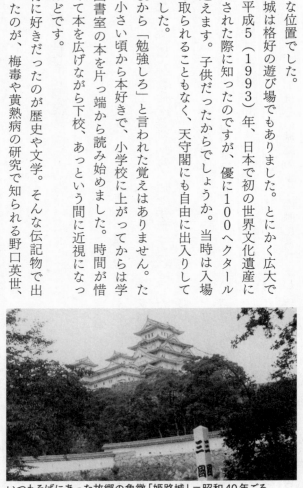

さらにアフリカでキリスト教の伝道や医療に尽くしたフランス人のシュバイツァーらでした。

今振り返れば、この時、医者への憧れが芽生えたのだと思います。とても単純、子供っぽさの極みです。でもこの憧れは年を追うにつれ、薄れるどころか強くなる一方でした。

貧困に出合いショック

いまだに不思議な感じがしています。本が好きになると、世界が広がり、自然に学校の勉強もするようになったのですから。国語や社会に加え、算数や理科も好きになりましたね。授業が終わると、図書館で読書や勉強をするのが日課になりました。

平々凡々な小学生活ながら、どうしても忘れられない出来事がありました。子供心にとてもショックだったのです。

6年生の時でした。学校に来ない同級生がいました。当時、既に給食があり、メニューのうち、持ち運びのしやすいコッペパンを委員長として届けることになりました。姫路城近くの家を訪ねて行ってびっくりしました。板やトタンを組み立てただけのバラックだったのです。

広さは3畳（約5平方㍍）ほど。窓はなく、裸電球がぶら下がっていました。薄暗い小屋にお父さんや妹と3人で暮らしていたのです。そばに同じようなバラックがからからと並んでいました。昭和30年代後半とはいえ、戦争の傷痕がまだ残っていたのです。同級生は最初、「何しに来たんや」っていう顔をしていました。でも何回か通ううちに打ち解け、話をするようになりました。どうするつもりだったのか、姫路の市立図書館から本を3冊万引してきたと打ち明けられ、一緒に謝りに行き、返却してきたこともありました。

世の中にはこんな人たちがいるんだということを初めて知りました。それは貧しさへの恐れや憤りであり、半面、お金がないと暮らしは成り立たないとい

小学校の卒業式で証書を授与される＝昭和39（1964）年

うことに気付くきっかけにもなりました。

この体験は困っている人を助けたいという思いにつながり、医者への憧れを後押ししてくれたのかもしれません。小学校の担任の先生にその気持ちを伝え、助言に従い、進学先を決めました。「淳心学院中学校・高等学校」というベルギーのカトリック系の男子進学校でした。小学6年12歳、受験の挑戦が始まりました。

追い付くため猛勉強

昭和39（1964）年春、意気揚々と「淳心学院中学校・高等学校」の門をくぐりました。でも授業が始まると愕然《がくぜん》としました。周りの同級生がすこぶるできたからです。中学3年レベルの内容も難なくこなしていました。国語、数学、理科、社会だけではありません。中学から習うはずの英語も結構分かっているようでした。

程なく謎が解けました。みんな淳心学院受験向けの塾に通っていたのです。受験対策ばかりか、入学後も授業が理解できるように、中学学習分も教わってきていました。

それに対し、こちらはあくまで「自己流」。参考書や問題集を買ってきて解く自学自習が基本でした。小学校の先生が時々、私を含め、中学を受験する児童5、6人に補習をしてくれましたけどね。どだい、塾があることさえ知りませんでした。

この自己流は後々まで尾を引いたように思います。大学受験は大学ごと、学部ごとに試験問題の傾向を探り、対策を講じる必要があります。淳心学院の卒業後に臨んだ医学部受験は、ほとんどこの「傾向と対策」に力を割くことなく受けていましたから。もちろん、医学部合格まで3浪したことの言い訳にはなりませんが。

淳心の同級生たちに追い付くため、必死に勉強しました。何とか授業についていけるようになりましたが、それでも1学年約120人中、中位を保つのがせいぜい。世の中は広く、頭のいい人はいくらでもいるということを知ったのもこの時だった気がします。

もやもやした劣等感を拭えない中学生活を救ってくれたのは、やはり小学生の時から夢中になっていた読書でした。

その中で最も印象深いのは、詩では中原中也の「汚れつちまつた悲しみに」、小説では

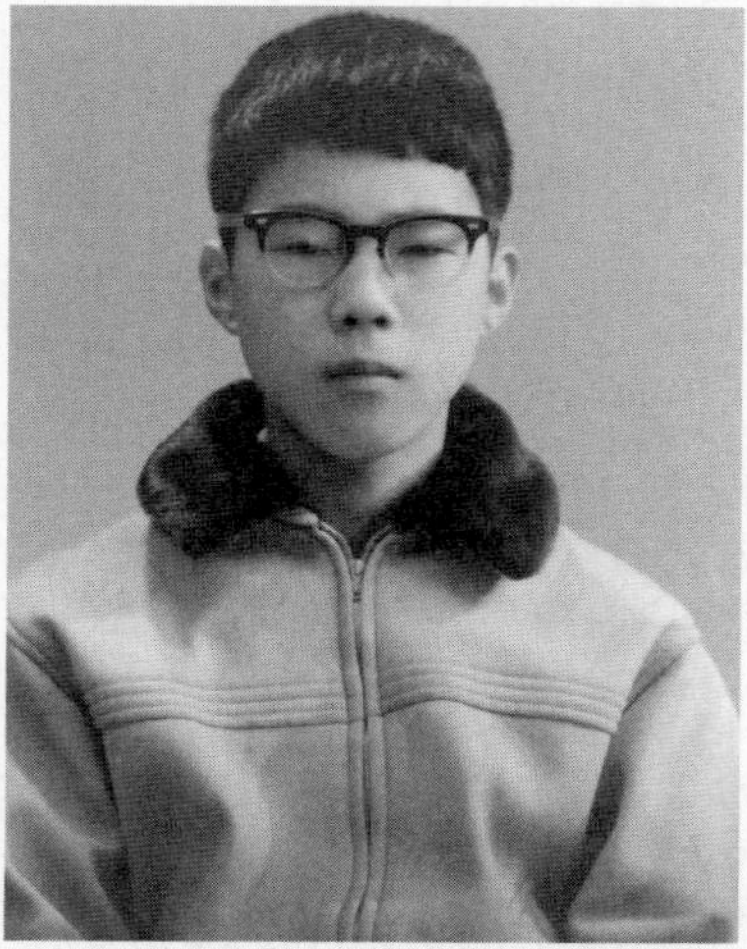
淳心学院中学校の受験票に貼った写真

遠藤周作の「沈黙」です。恋愛の苦しみ、神や信仰の意義…。多感な少年時代、一言一言が胸に突き刺さるようでした。「詩の書ける医者になりたい」。そんな願いが沸々と湧き上がってきていました。

偏見の怖さ学ぶ原点

通った小学校は姫路市立「城南小学校」といい、当時、姫路城の南西側にありました。カトリック系の「淳心学院中学・高校」は城を挟み、城南小のほぼ反対側にあり、どちらも自宅から歩いて通える距離にありました。高校までは住む所も遊びも学校も、姫路城周辺にあったのです。

そんな暮らしの中で一番思い出深いのは、兵庫の西隣・岡山県にある日本初のハンセン病国立療養所「長島愛生園」を訪ねたことです。昭和43（1968）年、淳心学院高2年の夏休みに、学院の神父様に連れられて行きました。

〈厚生労働省によると、愛生園は昭和5年、岡山県沖の瀬戸内海に浮かぶ長島に「国立らい療養所」として発足。ハンセン病患者を隔離する政策を担った。昭和時代は患者への

偏見や差別が続き、十分治る病気として国策が改められたのは平成10年代に入ってからである〉

愛生園訪問が忘れ難いのは、久々に姫路から遠出したことに加え、長島に足を踏み入れただけで「閉ざされた空間」だということが分かったからです。目が不自由になり、手の感覚もなくなって、舌先で点字を読んでいる方もいることに強い衝撃を受けました。園内には教会や神社、寺が多く、宗教に救いを求める患者の叫びが聞こえるようでした。

後に秋田大医学部に進んでから、ハンセン病患者への偏見や差別の根強さを再認識することになります。映画「砂の器」が公開され、松本清張の同名原作を精読したのです。地名「カメダ」

昭和47年10月6日　金曜日　(6)

婦人家庭

正しい理解を　ハンセン氏病

本県の婦人たち　励まし運動を進める

くらし作文

初めての宿泊

本県では三百七人

早期治療で治る

ハ氏病について

ハンセン病への誤解を解くよう訴える秋田魁新報の記事＝昭和47年10月6日付

がキーワードとなり、秋田も絡んでくる点にも興味をそそられました。推理小説仕立てですから、筋立てを言うのは野暮《やぼ》というもの。興味のある方はぜひ読んでみてください。

医学・医療は日進月歩です。昨日まで治らないとされた病気が、今日は完治することも珍しくありません。偏見や決め付けを排して物事に当たらなければならない――。長島訪問はそれを学ぶ原点となりました。

■医の道を志す

学生運動のまね事も

昭和40年代は学生運動の時代でもありました。東大闘争で学生が占拠・封鎖した安田講堂が「落城」したのは44（1969）年1月、「淳心学院高校」2年の時でした。淳心学院高校が特に荒れたわけではありません。でも当時、既成概念の打破や改革は、大学ばかりか高校にも広がっていた風潮だったのです。淳心にも先導的な生徒が数人いて、僕も行動を共にした一人でした。

机や椅子を並べて、簡易なバリケードを設置。先生らと「団交（団体交渉）」をしました。「カトリック系の学校でジェントルマン（紳士）の育成を目標に掲げながら、受験に力を入れ過ぎではないか」「勉強のできる生徒とそうでない生徒とでは、先生の対応に差がある」──。不満のような質問をぶつけ、回答を迫りました。

若気の至りというか、学生運動の熱に浮かされていたというか。今思えば、どうかしていた気がします。だって最も盛り上がった団交は、安田講堂落城からほぼ1年後の45年2月、3年生として大学を受験する直前のことだったのですから。

あの頃、先生らが一番心配していたのは、僕らのバックで過激な学生が糸を引いているのではないかということだったそうです。そんなことは一切ありませんでした。バリケード参加組は全員受験に失敗したとも話していたようです。

全くその通りでした。みんなは大抵1浪で済んだけど、僕なんか結局、3浪する羽目になります。でも、懐かしい思い出です。医者を目指す仲間内では「アジアの貧しい人々を助けに行こ

仲のいい友達と瀬戸内海の島でキャンプ（前列左）＝高1の夏

う」とか「農村医療に尽くそう」などと、熱く語り合うことができたのですから。

僕が大学を受験する頃、国立大には1期校と2期校があり、1期校は神戸大、2期校は岐阜大の医学部を受けました。見事不合格で東京の予備校へ行くことに。ところがこの予備校入りを巡っても僕の「世間知らず」が災いすることになります。

再起誓い東京で浪人

「来年こそは」と再起を期して上京しました。東京を選んだのは、日本有数の予備校があり、そこで勉強すれば医学部に合格できると思ったからです。昭和45（1970）年春のことでした。

当時、最も評判の良かった予備校を受験し合格。予備校にも入試があるのかと少々驚きましたが、とにかく再スタートが切れそうでした。ところが振り分けられたのは、東大理系コース（医学部を除く）だったのです。

大学入試は大学ごと、さらに学部ごとに対策を練る必要があります。予備校では高校以上にそれが徹底されています。そんなこと誰も教えてくれなかったし、僕も自ら調べようともしませんでした。単純というか、浅はかというか…。一番いい予備校に入れば何とかなるという考えしかなかったのです。

　その一方、初めて住む東京は本好きの僕にとってまるで「天国」でした。予備校の最寄り駅は御茶ノ水駅。ちょっと足を延ばせば古本屋や書店の連なる神田神保町があるのですから。

　予備校にはちゃんと通いました。授業は大抵、午前で終了。明治大とか中央大（当時）とかの学生食堂でそそくさと昼食を済ませ、神田神保町へ。夕方までぐるぐる本屋を回りました。立ち読みをしたり、新刊や古本を買ったり。文字通り「本漁《あさ》り」をして歩きました。

　衝撃的だったのはこの年の11月、三島由紀夫が東京・自衛隊市ケ谷駐屯地

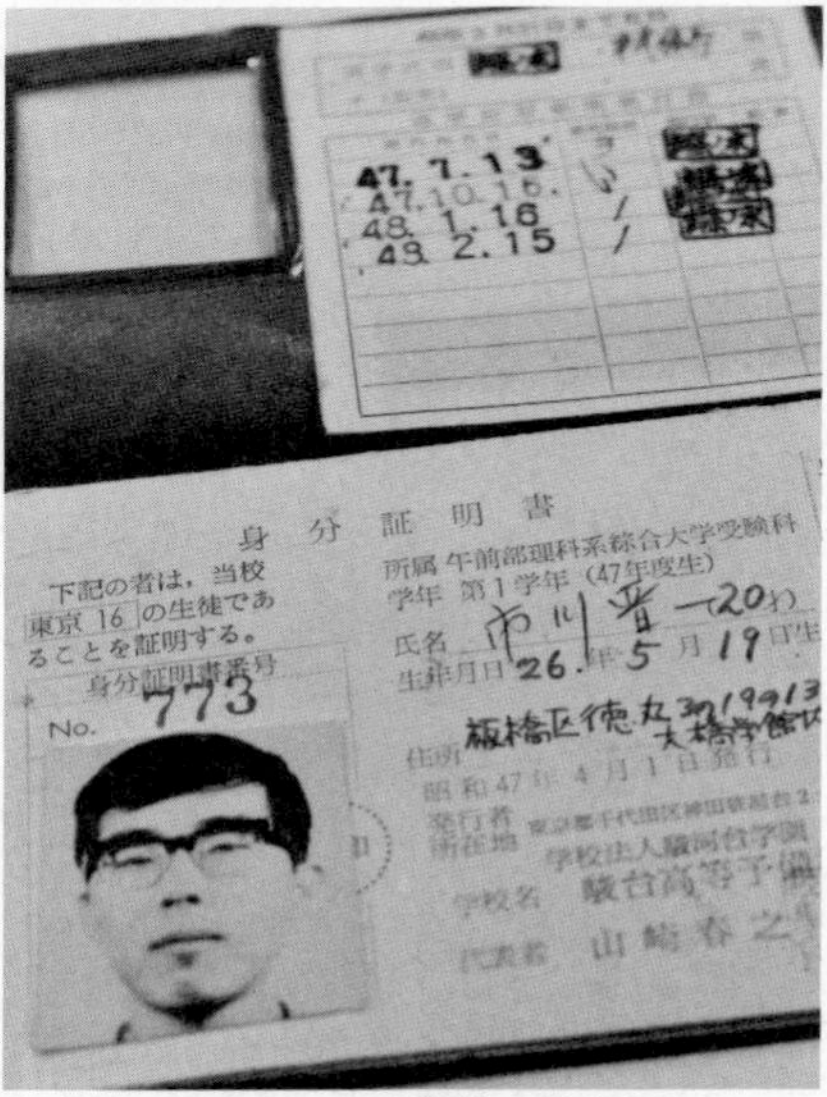

東京で3年間通った予備校の学生証

で割腹自殺をしたことです。遺作「豊饒の海」4部作最終巻の入稿日に決行したとされています。初版本が欲しくなり、古本屋を巡りました。4巻セットで2万円。予備校生には手痛い出費でしたが、「えいっ」と思い切りました。むさぼるように読みました。

神田神保町の大手書店で書いてもらった大岡昇平や開高健のサインも宝物です。3年間続くことになる予備校生活。どうにか持ちこたえられたのは、この「本の街」のおかげです。

対策見直し秋大受験

東京生活が初めてなら、朝の通勤通学ラッシュも初めてでした。東京の北部板橋区の寮から、予備校のある都心の御茶ノ水駅まで1時間。押し合いへし合いの末、乗れないこともありました。「予備校だから東京にいるんだ」「ここで働いたり、暮らしたりなんか絶対しないぞ」。胸の内で自分に言い聞かせていました。

この東京脱出の思いが秋田ののどかな農村へと僕の背中を押していたのかもしれません。「農村医療への貢献」は高校時代からの願いでした。それだけではありません。入試科目や配点が僕に向いていたのです。2浪後の昭和47（1972）年春、秋田大医学部に初めて挑戦しました。

確か、実家の姫路から大阪へ出て、寝台特急「日本海」で秋田に来ました。夜たって朝方着いたはずです。秋田に降り立ったのはこの時が初めてでした。秋田市の金照寺山という小高い山の麓に温泉旅館があり、そこに受験生5、6人で雑魚寝。秋大の受験会場に向かったと記憶しています。

結果は残念無念。とうとう3浪突入です。さすがに、もう後がないというか、尻に火がついたというか…。東京中の予備校を回って受験資料を収集。土・日曜日ごとに実施される模擬試験を片っ端から受けることにしました。出題の傾向もレベルもさまざまな模試をたくさん受けることで弱点を発見し克服。強みも把握する作戦でした。

やっと気が付きました。それまでは東大をはじめ、難関大の難問を解く受験対策が中心だったので

秋大医学部の建設予定地。学部が設置された昭和45年時点では未整備

す。基礎・基本を身に付け直すことで点数が徐々にアップ。秋大は難問・奇問より、基礎・基本を踏まえた良問を出す傾向にあることも僕に適していました。

翌48年春、2度目の受験のため、東京から空路秋田入りしました。雪がちらちら舞っていたような気がします。医者になれるかどうか—。人生の大一番が待ち受けていました。

今度はきっと大丈夫

今度はきっと大丈夫―。東京で浪人中、ずっとそう励ましてくれる寮母がいました。3浪後に秋田で医者になって上京。ホテルのレストランに席を設け、妻を紹介したら、泣いて喜んでくれました。別れ際、ずっと手を振り続けてくれていた姿が今も目に浮かびます。

寮は予備校のあった御茶ノ水駅から電車で1時間ほど、東武東上線の沿線にありました。賄いをしてくれる篠崎公耀子さん（故人）は、食事のない日曜日でも「何が食べたい？」と声をかけてくれ、好物をごちそうになりました。

何年挑んでも合格できない予備校生をたくさん見てきたからでしょう。僕のことも優しく見守ってくれました。くじけそうになった時、篠崎さんの一言がどんなに心強かったことか。秋田大医学部に合格後、「東北は寒いから」と手編みのマフラーをプレゼントしてくれました。

寮ではもう一人、強い味方が現れます。淳心学院高校（兵庫県姫路市）時代の同級生で一番の親友・河野良寛《よしひろ》君です。互いに3浪が決まった昭和47（1972）年春、入寮してきました。商家の僕とは異なり、医家の家に生まれた彼のプレッシャーはどれほど大きかったか。

多くを語り合ったわけではありません。同じ屋根の下にいることで安心感を覚え、同じ目標に向かっていることで頑張れる―。河野君とは、そんな思いを共有、日々を送っていました。

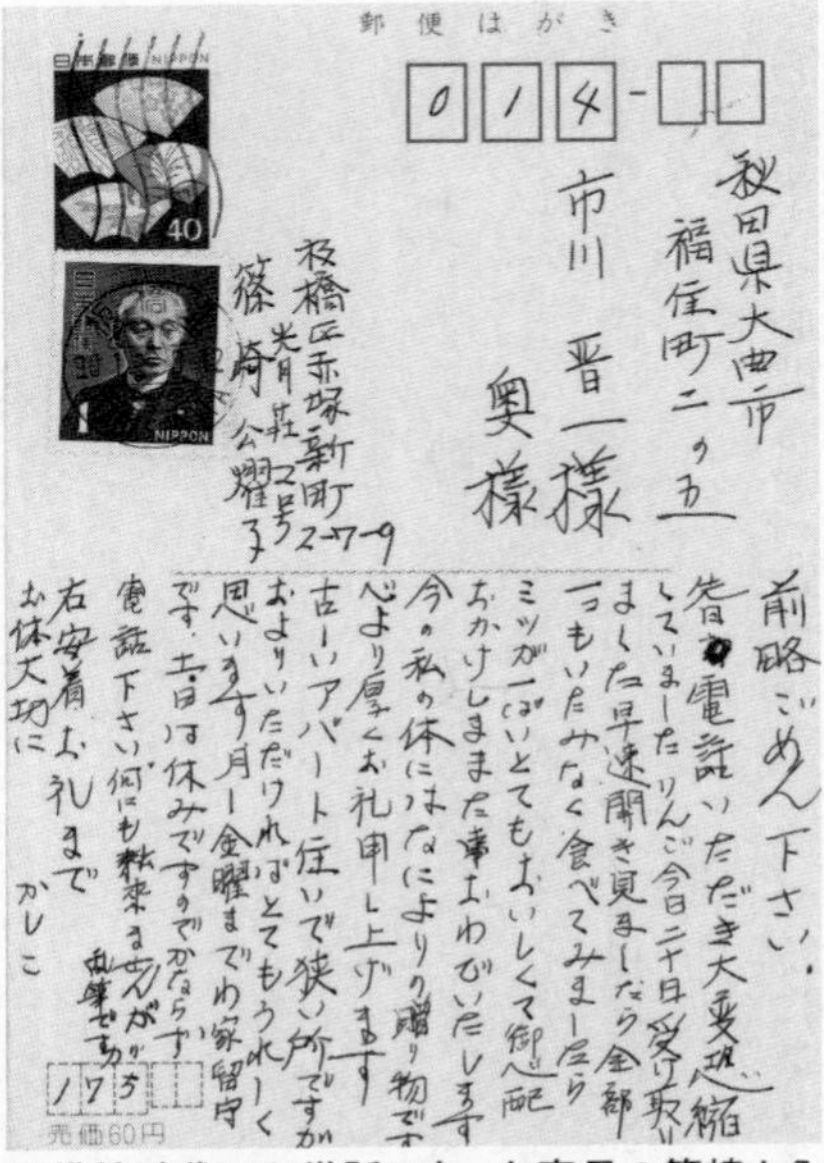
郵便はがき
014-
秋田県大曲市
福住町二ノ五
市川 晋一 様
奥 様
板橋区赤塚新町2-7-9
光月荘 マ号
篠崎 公耀子

前略ごめん下さい。
昨日電話いただき大変恐縮していました りんご今日二十日受け取りました早速開き見ましたら全部一つもいたみなく食べてみましたらミツが一ぱいとてもおいしくて御心配おかけしました事おわびいたします
今の私の体にはなによりの贈り物です
心より厚くお礼申し上げます
古いアパート住いで狭い所ですがおよりいただければとてもうれしく思います 月ー金曜までの家留守です。土日は休みですのでかならず電話下さい 何にも出来ませんが 面倒ですが
右安着とお礼まで
お体大切に
かしこ
175
売価60円

予備校時代にお世話になった寮母の篠崎から届いたお礼のはがき＝平成2（1990）年1月

翌48年、僕は秋田に、彼は東京の医大へと進学先こそ違ったものの、ついに長く暗いトンネルを脱することができました。

医者生活が忙しいこともあり、しばらく会う機会に恵まれません。しかし、遠くにいても気心の通じ合う人は、必ずいるものです。再会した途端、長い間会っていなかったなんて思えないほど、距離が一気に縮まり、息が合い始めるというか…。河野君もそう思ってくれているはずです。

今振り返れば、どんな苦しい時も僕を支え、助けてくれる方々がいました。その励ましがなければ、今の僕は存在していないと思うほどです。

「やったぜ」と合格電報

「やったぜ。お袋《ふくろ》さんに知らせなよ」。確かそんな文言でした。秋田大の受験会場で合否電報を頼んできていたのです。ケータイもネットもなかった昭和40年代。どこの大学でも学生がアルバイトとして合否通知を請け負っていました。料金は500円だったと記憶しています。

受かったのか、また駄目だったのか。いまひとつ判然としません。普通は「サクラサク（咲く）」が合格、「サクラチル（散る）」が不合格でしたから。

実は入試の結果にも自信がありませんでした。初めて受けた前年より得点できていると自己採点はしていました。ただハプニングもあったのです。

学食（学生食堂）が混まないうちに昼飯を済ませてしまおうと、急いで食べて受験会場に戻ったら、みんなは机に向かっています。午前中の試験がまだ1科目残っているのに、昼休みだと勘違いして昼食を食べに行ってしまったのです。試験時間は20分ほど過ぎていましたが、科目は得意な日本史。どうにかクリアできたと思いました。

入試倍率も心配でした。当時の医学部定員80人に対し、受験者数は2100人超。27倍でした。1点差、2点差で合否が分かれても不思議はない倍率です。3浪後は基礎・基本を見直し、2浪までとは異なり、大学や学部ごとの対策も一応講じてきていました。それでも不安を拭えないのが入試です。

父親だったでしょうか。電話でどこかに連絡を取っていました。そして口をついて出た一言が「受かったよ」。うれしかった。感極まりました。体が1㍍ほど跳び上がったのではないかと感じられるほどでした。

この時です。うれしさの後、「秋田に救ってもらった」という思

姿を現し始めた医学部施設＝昭和47（1972）年春

いがこみ上げてきたのは。正確には「秋大に救ってもらった」ですけれど、なぜかそう思ってしまったのです。以来、「医者になって秋田に恩返しする」が僕の信条になっています。

父、母に一度きりの礼

3年も浪人するとどんな波紋を呼ぶのか――。当時は自分のことで頭がいっぱいで、想像すらできませんでした。しかし、秋田大医学部合格後に聞き、申し訳なさが募るばかりでした。

3浪が決まった時のことだったそうです。「親戚から『見えを張らないで諦めろ』と散々言われた」。母がそう教えてくれました。「合格したから言えるんだけど」って笑いながら。

合格電報が届いた翌朝、昭和48（1973）年3月末のことでしょう。父が突然、ラジオを聞いていた母の前に膝をつき、こう頭を下げたそうです。「自分は子供時分から苦労して育った。幸せになれるとは思ってもみなかった。今は十分幸せだ。良い子を産んでくれてありがとう」

実は次男の方が長男の僕より先に、鳥取大医学部に入学していました。それに続く朗報でした。「うれしくてうれしくしょうがなかったんでしょう」と母。母が父から礼を言われたのは、後にも先にもこの時だけといいます。

医学部ではありませんが、三男も大阪大歯学部を出て、現在、東北大で教授をしています。父母が僕ら兄弟に対し、「医者だ」「歯医者だ」と仕向けたわけではありません。3浪はしたものの、僕が先陣を切る格好で、結果的に3人とも医歯学部に進んだことになります。

人生、70歳を越すと、「縁」を感じることが多くなりま

次男の孫を抱く母と父(前列)。島根・出雲大社

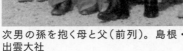

す。一番強く意識するのは「秋田との縁」です。小学生の頃でした。兵庫県姫路市の自宅に親戚や親の商売仲間が集まり、よく宴会を開いていました。そこで決まって歌われたのが「ドンパン節」でした。この民謡が中仙町（現大仙市中仙地区）生まれと知ったのは、ずっと後、秋大医学部に入ってからでした。

秋田で暮らしてほぼ半世紀。故郷姫路での生活の倍以上になりました。姫路で親の最期を看取《みと》ってくれた次男夫婦に感謝しつつ、遺骨は大仙市に求めた墓に納めました。いずれ僕もそこに入ります。姫路の実家は既に引き払い、名実ともに「秋田人」になります。

■秋田大学医学部へ

合格にはしゃぎ過ぎて

秋田大医学部は全国から注目されていました。戦後、国立大の医学部として初めて設置されたからです。それは僕が受験しようと思った理由の一つでもありました。

〈秋大に医学部が設置されたのは昭和45（1970）年4月。医師不足解消と医療充実を掲げ、県を挙げて取り組んだ誘致運動が実った。当初は千秋公園隣の県立中央病院を代用。基礎医学研究棟をはじめ、秋田市本道の現在地に医学部施設が整備されるのは47年になってから。入試倍率も極めて高く、学部設置の45年から48年までは30倍前後を記録した（「秋田大学医学部三十年史」などによる）〉

カリキュラム（授業編成）も画期的とされたようです。当時、大学教育は学部を問わず、教養課程と専門課程に分けるのが一般的でした。ですが新設の秋大医学部は、教養課程に専門課程の一部を組み入れ、解剖学とか生理学とか、医学の基本となる分野を教養の1、2年生で教えるようにしたのです。

1、2年生の時に通ったのは専ら、秋田市手形のキャンパスです。教育学部の教室で医学部の授業も行われていました。現在は教育文化学部となり、建物も随分変わりました。でも医学部合格がうれしくてしようがなかった僕にとって、大学生活を始めた手形キャンパスには今も格別の愛着があります。

入学直後のオリエンテーションも忘れられません。僕ら新入生86人が医学部の教授らに連れられ、バスで男鹿半島を一周。「八郎潟ハイツ（当時）」に宿泊しました。夕食後、舞台で自己紹介。よほどはしゃいでいたのでしょう。僕は関西出身の同期生数人と芸を披露。当時はやっていた2人組タレント「あのねのね」のギャグを連発、みんなを笑わせました。

二期校では3番目の競争率
30倍越えた医学部
と鉱山は各科とも減る

秋大医学部草創期の高い入試倍率を伝える秋田魁新報＝昭和46年2月23日付朝刊

見ていた教授が「市川は大丈夫か。ちゃんとやっていけるのか」と言っていたそうです。

「関西人のノリ」が「ふざけ過ぎ」と映ったようです。

超優秀だった1期生

草創期の秋田大医学部には、「奇数」「偶数」という言い方がありました。昭和45（1970）年入学の1期生と47年入学の3期生が「奇数組」、46年の2期生と48年の4期生が「偶数組」で、奇数組は優秀で個性的、偶数組は真面目でおとなしいとされたのです。

僕は48年入学の4期生。「市川が真面目でおとなしいって？」と言う同期生がいそうですが、そこはまあ、各学年の傾向と受け止めてください。

特に1期生は超優秀という評価が専らでした。医学部が設けられた45年の入試は、他大学の入試が全て終わった後の5月にずれ込みました。東大や京大をはじめ、難関大を落ちた人たちが全国から押し寄せたというのです。実際、僕が入学して接した4年生（1期生）はレベルが高く、知的にも人間的にも格上の印象を持ちました。

学生の年齢にも開きがありました。4期生では現役入学18歳から30代半ばの新入生までいました。北海道で物理の先生をしていたけど、医師を志し、入り直したという男性が30代半ばでした。出身地も全国さまざま。秋田出身は少数派でした。

昭和40年代半ば以降は秋大を皮切りに山形、筑波、愛媛など国立大に医学部が次々と設置された時期です。入学枠が広がったため、出身地や年齢を問わず、多くの受験生が医者を目指し、全国あちこちの大学の門をたたくようになったようです。

秋大医学部教養課程（1、2年生）の授業は、1学年約80人が全員で受けるのが基本でした。ただ実験や実習となると、学籍簿のあいうえお順に5人ずつのグループに分かれ、卒業まで一緒に活動します。このグループ

秋大医学部4期生の面々＝昭和49年春、手形キャンパス

制は医学部の特徴で、強い仲間意識が生まれます。

でも4期生約80人が全国各地から、ここ秋田に集まったのも「何かの縁」。もっと仲良くすべきだと思い、2年生になって取り組んだことがあります。ミニコミ誌を作り始めたのです。

ミニコミ誌作りに力

せっかく巡り合った医学部4期生約80人。青春真っただ中。仲良くしないのは、もったいないじゃないですか。

1年の時はみんなでワイワイガヤガヤやることが多かったのですが、徐々に集まる機会が減りました。2年になると、気が合うとか趣味が同じとかで、十数人ずつ五つほどのグループに分かれるようになったのです。

僕は酒がからっきし駄目。体が受け付けないんです。でも世話役となってよくコンパ（懇親会）を開きました。みんなで集まって騒ごうってね。秋田大の教授らにも参加してもらいました。学食（学生食堂）のほか、当時、秋田市の広小路にあった大型店「協働社」の食堂で催したこともありました。

みんなのつながりを保とうと本好き・文章好きの僕が一番力を入れたのは、仲間と4期生向けミニコミ誌の編集と発行。ガリ刷り、B4判で2㌻程度でしたけど。誌名は「マタンキ」。「週刊少年ジャンプ」に連載中だったギャグ漫画のはやり言葉を拝借しました。学内の話題はもちろん、おふざけや政治・文学物まで何でもありでした。

　生まれたばかりの赤ん坊がコインロッカーに捨てられていた実際の事件について、一文を寄せたこともありました。昭和55（1980）年に刊行される村上龍の長編小説「コインロッカー・ベイビーズ」は、この事件に着想を得たと聞いています。

　きりたんぽ鍋やハタハタのしょっつるを初めて食べたのも、秋大に入ってからです。アルバイトの家庭

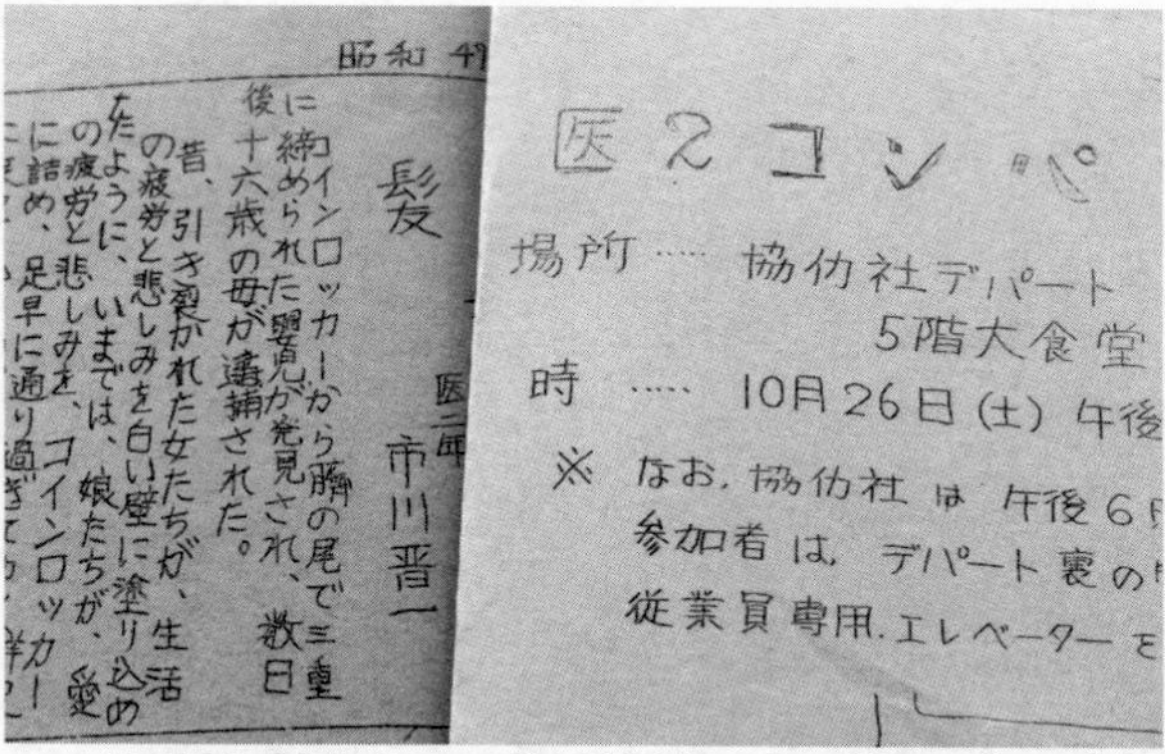

コンパのチラシ（右）とミニコミ誌に寄せた一文＝昭和49（1974）年

教師は夕食付き。そこで出してもらいました。きりたんぽには舌鼓、でもしょっつるは当初、おいしさが分かりませんでした。

故郷の兵庫・姫路市をはじめ関西では一般に牛肉のすき焼きやビフテキがごちそうでした。その土地土地に長く食べ継がれ、慣れ親しんだ味があります。秋田に住んで50年近く。今ではきりたんぽやハタハタが僕の「古里の味」になっています。

シンプルこそ美しい

目が悪い（強度の近視）のと字が下手なのが僕の「二大コンプレックス（引け目）」でした。目はしようがないとして、字はやりようによってはどうにかなりそうです。そこでうまくなろうと思って入ったのが秋田大の書道部でした。

大きな誤算がありました。小さい頃から書を習い、各種展覧会で入賞経験のある部員がほとんどだったのです。僕はただ一人といっていい初心者。みんなに付いていけないばかりか、指導してくれる長沼雅彦先生（現県書道連盟理事長、秋大名誉教授）から、手本を渡され、「書いてみろ」と言われてもろくにできません。ですから展覧会で賞をもらったことは一度もありません。ただ、「書の見方や批評の仕方」を教わったことは今なお感謝しています。

先生自身が展覧会に出品するため、書道の実習室にこもることがありました。いつ行っても書いています。いつ寝ているのかと思うほどです。満足がいかないのでしょう。墨書きされた紙が先生の周りに山積みになっています。一心不乱に打ち込む先生の姿に「一番できる人こそ一番努力している」、そう気付かされました。秋大医学部2年の時でした。

日ごろから鍛錬を怠ってはならない―。以来、ずっと僕の「心構え」になっています。

ジャンルは違っても、芸術には共通項があるのではないか。そんなことを考えたのも長沼先生の教えがきっかけです。

実は大学に入る前から絵画をはじめ、芸術に関心

秋大書道部の新入生歓迎コンパ（手前左）＝昭和49（1974）年春、秋田市千秋公園

がありました。予備校時代には東京中の美術館や博物館を巡り歩き、日本画家東山魁夷の代表作「道」と出合っていました。

共通項とはシンプルさです。「道」は余計な描写はせず、向こう側へ延びる一筋の道と草原、空を描くだけです。書も墨と余白の対比を追究する芸術といえます。究められた単純さに「深い味わい」を読み取るのは思い入れが過ぎるでしょうか。

消えた解剖のご遺体

専門課程（3~6年生）に進んで最も衝撃を受けたのは「解剖」です。病気の診断や手術、さらに予防を推進するためにも人体の構造を知らなければなりません。解剖は医学・医療の基本中の基本なのです。まず何より、貴重な献体によって医学教育が成立していることに改めて敬意と感謝の意を表します。

学籍簿あいうえお順の5人グループで「ご遺体」の解剖に臨みました。臓器の位置や形状、筋肉の付き方、神経の走り方など教授ら先生方の指導を仰ぎながら、一つ一つ学んでいきます。覚えることが多過ぎて、追い付くのに大変でした。

教養課程（1~2年生）に一部、専門分野が取り入れられていたとはいえ、人体に直接触れるのは初めて。いずれ患者さんと面と向かい合い、触診も含めて診療することになる。そうはっきり意識させられたのも、解剖実習の時でした。

ある日、解剖室に行ってみたら、ご遺体がなくなっていることがありました。献体は本人はもちろん、ご遺族も十分理解した上で行われたはずです。しかし、どうにもやむにやまれない事情が起き、ご遺族が引き取られたようでした。

詳しい事情は分かりません。ただ、亡くなった後、人の霊魂はどうなるのかということと関係していたと聞きました。医学・医療という科学では捉え切れない問題です。ご遺族の思いにどれくらい寄り添えるか。それを考える契機になりました。

解剖といえば、法医学という分野もあります。外国籍の船が難破、秋田沖に漂着した遺体の死因を調べる

在学中、実験・実習を重ねた5人グループ（右端）

ため、司法解剖するからと、吉岡尚文先生（秋田大名誉教授、盛岡市住）から呼び出されたことがありました。

人の縁とは不思議です。後に吉岡先生には、温泉の医療効果を研究する学会の秋田開催を巡り、名の知れた温泉の多い仙北市の西明寺診療所長となっていた僕に、声を掛けていただくことになるのですから。

長野の先進地で実習

わくわくしていました。誰もが憧れる医師が講演することになっていたからです。昭和51（1976）年10月16日。秋田大医学部の設置後、初めて開かれる「医学祭」の初日。エネルギッシュな語り口にすっかり魅了されてしまいました。

演壇に立ったのは若月俊一《としかず》医師。農村医学・医療の確立者として広く知られていました。僕も高校生の時から存在を知り、予備校時代には彼の名著「村で病気とたたかう」（岩波新書）を読んで感動。この本が農村医療への従事を目指す決定打になったといっていいほどでした。

〈若月医師は東京生まれ。中学時代の入院経験から医学・医療に関心を持ったとされる。東京帝大（現東大）医学部卒。一時期、マルクス主義（左派思想）に傾倒。戦時中は治安維持法違反で摘発されたことも。長野県東部の農村地帯にある「佐久病院」に赴任。「農民とともに」を合言葉に総合病院に育て上げた。出張診療を先駆的に実施、現在の健康診断のモデルをつくった。日本農村医学会の初代会長。平成18（2006）年、96歳で死去〉

実は医学祭の2カ月ほど前、大学の夏休みを利用し、佐久総合病院を実習で訪れていました。全国の医学部から応募者が殺到するほど、実習病院として人気があったのです。昼食として病院の給食が提供されるだけ。交通費も宿代も自前にもかかわらず、実習生が引きも切りませんでした。

若月医師は院長としてすこぶる忙しく、少しお話を伺う程度でした。ですから秋大医学祭での講演

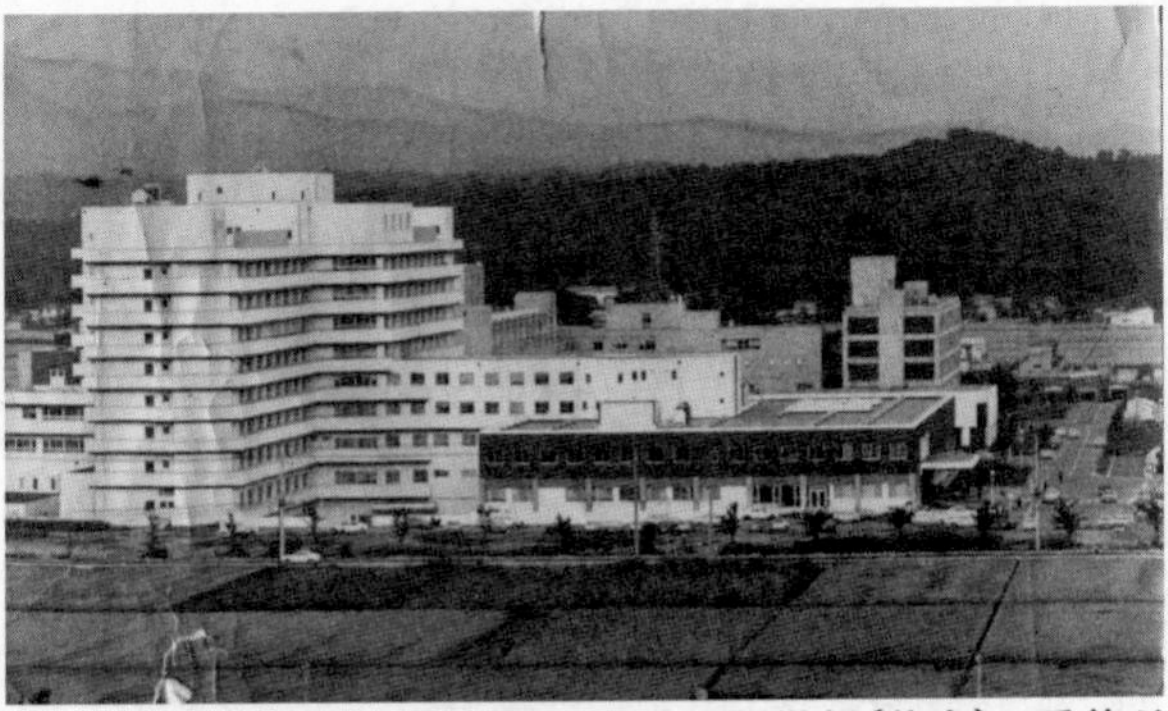

学部設置後、初の医学祭を開いた秋大医学部（後方）。手前が完成して間もなくの付属病院＝昭和51年10月

がとても待ち遠しかったのです。

この実習がよほど役立ち、講演にも感銘を受けたからでしょう。昭和52年の夏休みにも再び長野を訪問します。どちらの年も1週間ほどの滞在でしたが、見る物聞く物が目新しく、農村の医者としての未来に明るい光が差してくるようでした。

医者としての原体験

長野県の「佐久総合病院」の実習でまず驚いたのは、患者優先が徹底されていたことです。例えばエレベーター。患者さんが乗り込んでくると、医師も看護師も事務職員もさっと身を寄せてスペースをつくります。移動式ベッドとか車椅子であれば、エレベーターから降りて乗ってもらうこともありました。

若月俊一院長自ら率先して実践していました。というより「農民とともに」をモットーに掲げる院長の考えが院内に浸透していたのでしょう。肝心の診療や事務の応対もそうだったのは言うまでもありません。

朝早くから健康診断に出掛けるのにも目を見張りました。農作業が始まる前に済ませてしまうのです。医者や看護師たちは午前5時ごろには出発し、病院周辺の各地区で6時には健診をスタートさせます。

この健診は全国でも先駆的かつ画期的でした。昭和50年代初め、「病気の予防」はまだ一般的ではなかったのです。「病気を治す」のはもちろん大事ですが、そもそも病気にかからない予防に着目、先進事例をつくり上げたのは、若月院長ならではの卓見でした。

医者の方が農村や住民間に出向き、診療に加えて予防にも力を注ぐ——。医学部の4、5年生でこの現場を体験できたことは後々、仙北組合総合病院（現大曲厚生医療センター、大仙市）、さらに現在所長を務める仙北市の西明寺、桧木内診療所での診療にとても役立っています。

ストーマ（手術により腹部に作られた便や尿の

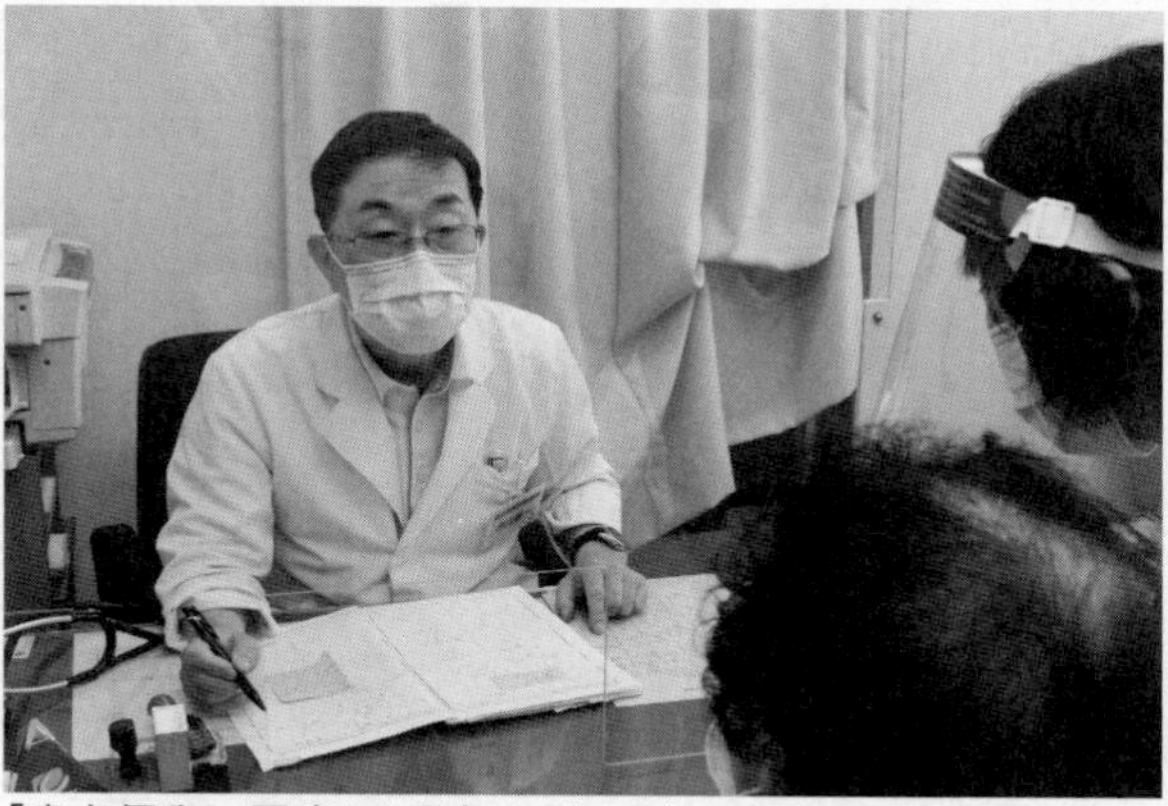

「患者優先の医療」を最初に学んだのは長野での実習＝今年3月、仙北市桧木内診療所

排せつ口）を初めて見たのも、佐久総合病院でした。直腸がんのため、人工肛門を作った患者さんでした。身体的な好不調もさることながら、トイレや風呂をどうするかなど生活面の支障もあります。外科処置ばかりか、術後のケアも不可欠と気付かされました。後年「日本オストミー協会」（ストーマの患者会）の顧問医になりました。

長野での先進地実習は「医者としての原体験」になった気がします。何より尊敬する若月院長の下で学べたことに、いまだ深い感慨を覚えています。

迷わず泌尿器科選ぶ

人生の分かれ道には、「これだ」と思い切る場合があります。重大な局面にもかかわらずです。泌尿器科を専門にしようと決断した時もそうでした。

秋田大医学部6年生。付属病院の実習で初めて「人工透析」を見たのです。腎臓の働きが悪くなった患者さんの血液の老廃物を取り除き、また体内に戻す治療です。今では当たり前です。ところが昭和50年代初め、秋大病院で透析が始まって間もなくの頃でした。県内では画期的な試みで、ひと目で魅了されてしまったのです。

もちろん、その思いに至るまでいろいろなことがありました。県南の仙北組合総合病院での実習では、間近に手術を見学する機会に恵まれ、手術の緊張感と無事終わった時の解放感を味わい、「(泌尿器科を含む)外科系がいいな」と感じました。

秋大病院。産婦人科の実習で出産を見学し、腰を抜かして座り込みました。でも僕にとってお産はあまりに生々しく、「(産婦人科医は)合わない」と直感しました。

小児科医がいいなと考えたこともありました。でも、小児科ってすごく難しいんです。医学的に子供は大人を小さくしただけではないのです。第一、診療する際、ぐずったり、泣いたりする子供をあやすこと自体、僕にはしんどく、向いていないと思うようになりました。

泌尿器科は診断から治療(手術を含む)まで「完結」できることにも引かれました。心臓や肺、胃腸などでは内科が診断、手術が必要な場合は外科が担当するのが通例です。それに対し腎臓や膀胱《ぼうこう》、前立腺などを診

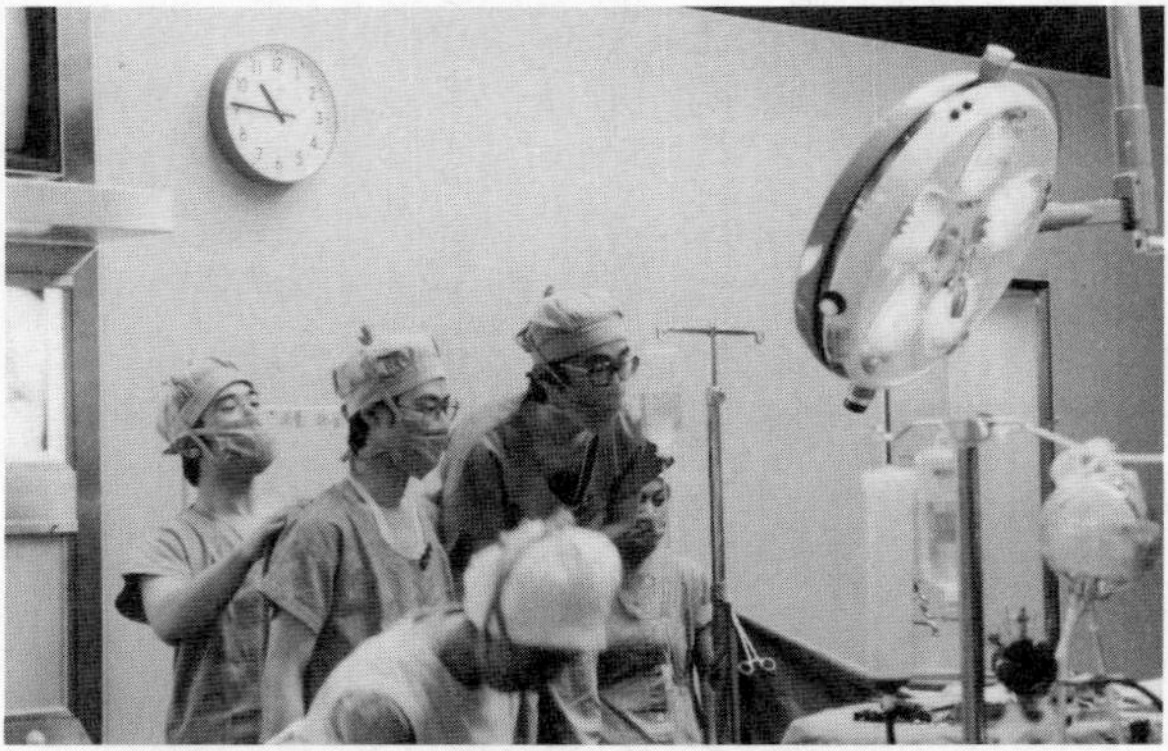
秋大医学部6年生の実習で手術を見学(右)=付属病院

る泌尿器科は内科・外科の区別なく、一貫して診療します。

高齢化が進むほど、泌尿器科の重要性が増す――。泌尿器科の土田正義《せいぎ》教授（当時）の予見もずばり、的中しました。代表的な高齢者の症状は、多くの人が悩まされている「尿漏れ」です。

「これだ」、いや「この人だ」とひと目で思い切る場面は7年後にも訪れます。妻となる女性と出会うのです。

■医師になる

またも人生の大試練

僕はよっぽどテストに嫌われているようです。医学部に受かるのに3浪。6年生の終わりに受ける医師国家試験にも落ちてしまったのです。

国家試験の前の大学卒業試験は無事通過。普通、これに受かれば国家試験もパスできる力が付いているはずなんです。ところがなぜか不合格。「テスト本番に弱いから」などと言い訳をしても始まりません。大学受験のため3年間過ごした東京に舞い戻り、今度は医師国家試験向けの予備校に通いました。

関西人のせいか、持って生まれた性格のせいなのか。それほど悲愴《ひそう》感はありませんでした。医学部受験の時と同じ寮に入り、「古巣」に戻った気分になれたからでしょうか。

実はもっと別の理由がありました。医師試験向け予備校のあった早稲田界隈《かいわい》に古本屋がいっぱいあったのです。「本の虫」がまた騒ぎ出し、東京という街はそれを満足させてくれるのに余りありました。

「本ばっかり読んでいるから、医学部も国家試験も駄目だったのよ…」。この前も女房にたしなめられました。でも大学受験と同様、読書できたからこそ試験勉強のつらさを乗り越えられたのです。僕にとって本は「精神安定剤」なのです。

医師国家試験にも「傾向と対策」が必要でした。その点、予備校に抜かりはありません。初めて受けた時は難しいと感じた試験もばっちりでした。秋田大医学部を卒業した翌年の昭和55（1980）年、晴れて医師免許を取得しました。

ついに念願の医者生活がスタート。ストレート

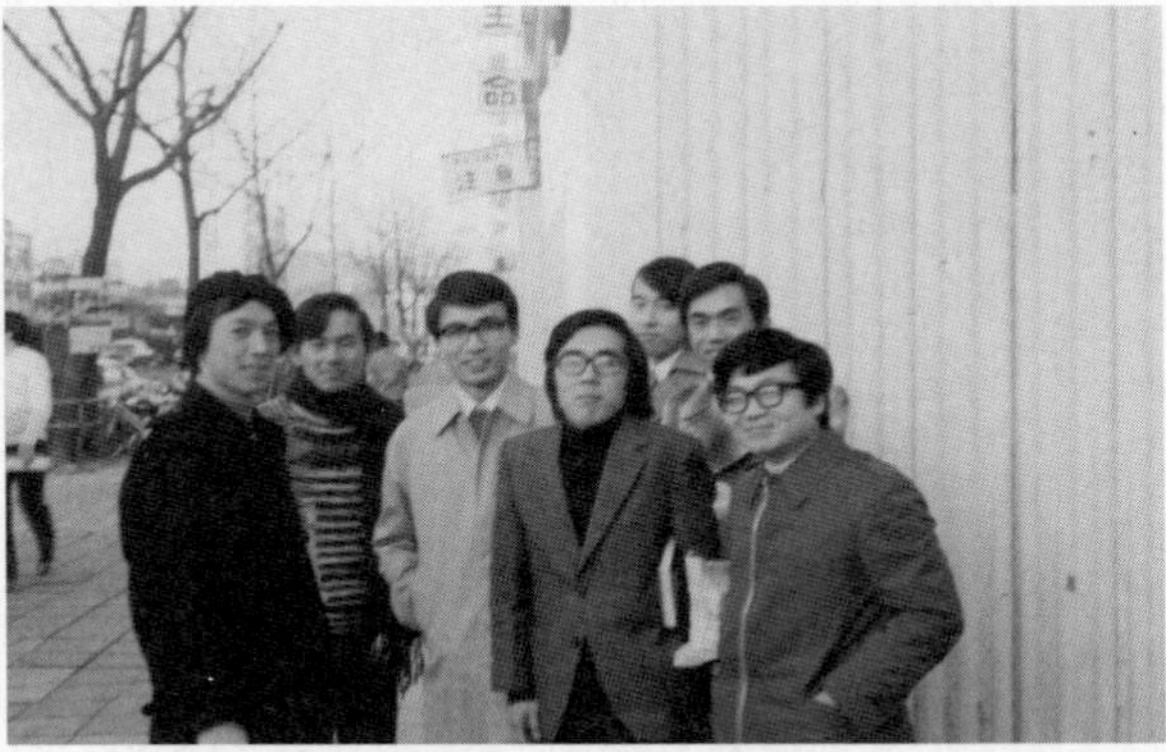

帰省し中学・高校の友人らと再会（前列右から2人目）＝昭和52年正月、兵庫県姫路市

で合格した人より4年遅れの29歳になっていました。研修医として秋大医学部付属病院の泌尿器科に配属されました。医師たちが集まるところを医局と呼びます。医学部には泌尿器科という講座があり、病院の医局とは表裏一体。どちらも教授を頂点とするピラミッド型の強固な徒弟制度を形づくっていました。

秋大病院で医者修業

医局では「研修」というより「修業」と表現した方が実態に合っていました。医学・医療では知識はもちろん、注射や点滴、傷口の縫合、さらには手術などさまざまな技術を身に付けなければならないからです。泌尿器科も腎臓、膀胱、前立腺といった臓器の手術があり、日々の技術向上は必須でした。

昭和55（1980）年6月、秋田大医学部付属病院の泌尿器科に入局。初めに指示されたのは血管に針を刺すことでした。血液の老廃物を取り除き、体内に戻す人工透析の最初の処置。看護師さんに叱られ、冷や汗を流しながら取り組みました。

というのは患者さんに処置するのは初めてだったのです。医学部時代には、ご遺体の解剖を除き、医療行為の実習はありませんでした。医師免許がない限り、医療行為がご法度なのは、昔も今も変わりありません。

現在は秋大病院に「シミュレーション教育センター」が発足。学生を含めて、ほぼ生きた人体に対するのと同様の実習や研修ができると聞き、時代の流れを感じています。

修業というのは、病院の医局（診療）と医学部の講座（教育）が一体化した「医局講座制」が、強固な徒弟制度になっていたことにもよります。医局と講座は教授、助教授、講師、助手（いずれも当時）がほぼ重複。これらのスタッフが学生の教育から医師研修、診療、研究までを司《つかさど》っていたのです。そのトップにいるのが教授でした。

工芸の伝承を見れば分かるように、「技（医術）の伝授・継承」に徒弟制度は有効です。半面、権限が一カ所に集中し過ぎる

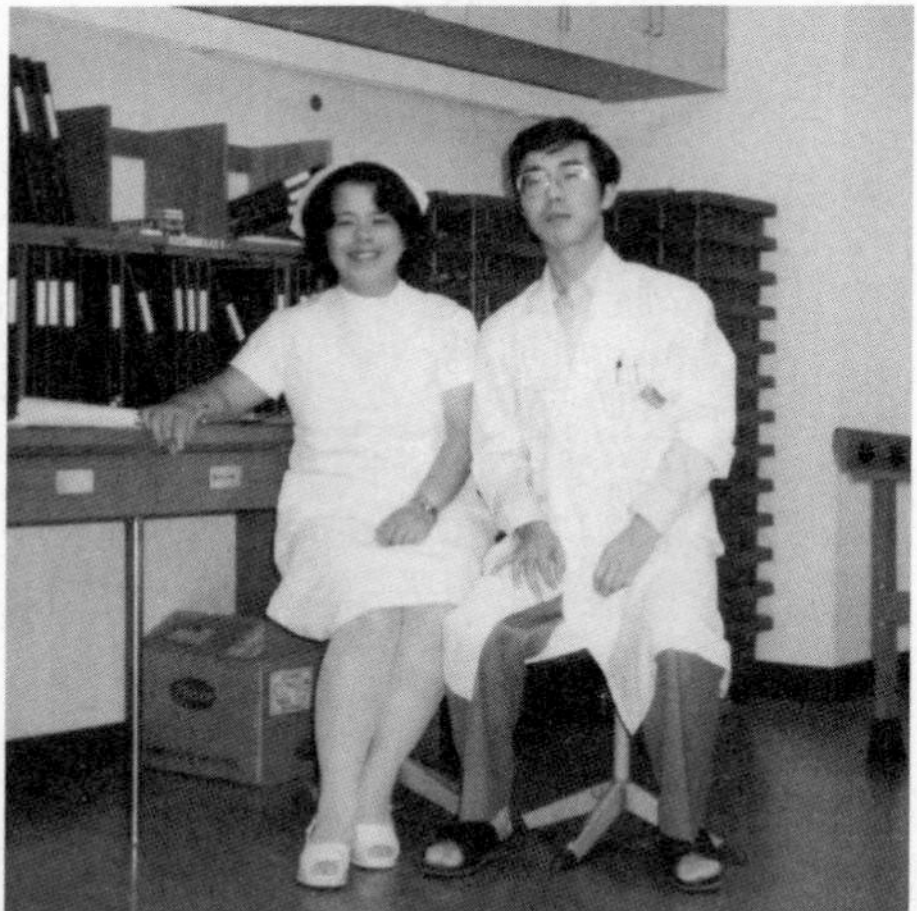

看護師にも教わりながら医者修業＝昭和55年、秋大病院泌尿器科

と、運営にバランスを欠く場合も出てきます。

医局講座は関連病院への医師派遣も掌握しています。僕もこの年の11月、突然、浜松市の病院への「トランク」を命じられました。教授の指示一つでトランク（大型かばん）片手に、いつでも転勤しなければならないことを指す業界用語です。ただ浜松では、その後の人生を変える経験をすることになります。

胸の内で合わせた手

浜松では日々、成長しているのが分かりました。五つぐらい年上だったかな。泌尿器科の科長・塩谷尚先生が付きっきりで教えてくれました。

技術を習得できただけではありません。ネパールでへき地医療を実践してきた医師に指導を仰ぎ、日本で初めて設置されたホスピス（緩和ケア）で多くを学ぶこともできました。

医学部時代、長野での先進地実習が「医者としての原体験」だったとすれば、医師免許取得後の浜松勤務は「医者としての出発点」でした。

勤めたのは、浜松市の北部郊外に位置する「聖隷三方原《せいれいみかたはら》病院」というところでした。名前から想像できる通り、昭和初期、若きクリスチャンが結核療養者のため、小さな病室を建てたのが始まりとされているそうです。聖隷とは聖なる神に仕える隷《しもべ》の意、三方原は病院の所在地を指します。

昭和55（1980）年秋、僕が赴任した頃は、広大な敷地に病院のほか、看護短大や障害者施設、老人ホームなども整備され、一大医療・福祉エリアとなっていました。職員向けの寮もあり、そこから病院へ通いました。

初めて手術をしたのもこの病院です。数カ月間、科長の助手を務めた後、科長の指導の下、執刀医となりました。尿管結石といい、腎臓と膀胱を結ぶ尿管にできた石をどうにか取り除きました。ただ、術後の回復が思わしくありません。心配で夜も眠れない僕に科長は「大丈夫だ。もう少し様子を見なさい」。その通りでした。手際の良い手術と病状の見極めの大切さを身をもって知り

聖隷三方原病院のナースステーションで（右端）＝医学雑誌「病院」昭和56年6月号から

ました。

給料がもらえたのもうれしい限りでした。民間病院は国立大医学部付属病院より高いのが通例。順調に医者になった人に比べ、4年遅れの29歳になっていました。やっと経済的に自立できる—。そんな感慨に浸る一方、黙って支援をし続けてくれた両親に胸の内で手を合わせたのを今でも覚えています。

この時が医師人生で「最も幸せな時期」でした。

農村医療への志再び

浜松勤務を振り返る時、どうしても触れないわけにはいかない医師が2人います。その後の僕の人生をほぼ決定づけたといっていいからです。

1人は伊藤邦幸医師。とても経歴の変わった方で、「人間の格」が違いました。東大や京大で倫理学やキリスト教学を修めた後、30代後半に京大医学部で医師免許を取得。産婦人科医の奥様とネパールに渡り、山岳地帯の寒村で診療に貢献します。僕が赴任する3年ほど前から、「聖隷三方原病院」に勤めていました。

ネパールの山岳地帯といえば、自然の厳しさも生活の貧しさも、さらに医療の貧弱さも、日本の農山村とは比べものになりません。そこへ飛び込んでいく志は高潔でさえあります。医療の技術や設備、機器がどうのこうのというレベルを超えて、「医者の在るべき姿」を実例として教えていただきました。

「アジアの貧しい人たちを助けに行こう」「農村医療に尽くそう」「ヴ・ナロード（人民の中へ）」。高校時代、友人らと熱く語り合ったことがよみがえってきました。アジアまでは行けないにしても農村医療に従事することを改めて決意しました。

もう1人は原義雄医師です。僕が赴任した翌年の昭和56（1981）年、聖隷三方原病院に日本で初のホスピス（緩和ケア）が設置され、その初代所長になった方です。末期がんの患者さんをケアする専門施設で、当時は最新の医療でした。

泌尿器を診てほしいと頼まれ、僕もホスピス病棟にしょっちゅう出入り。患者さんに接しながら「人生の最期に医学・医療は何ができるのか。医者はどう寄り添えばいいのか」と煩悶《はんもん》しま

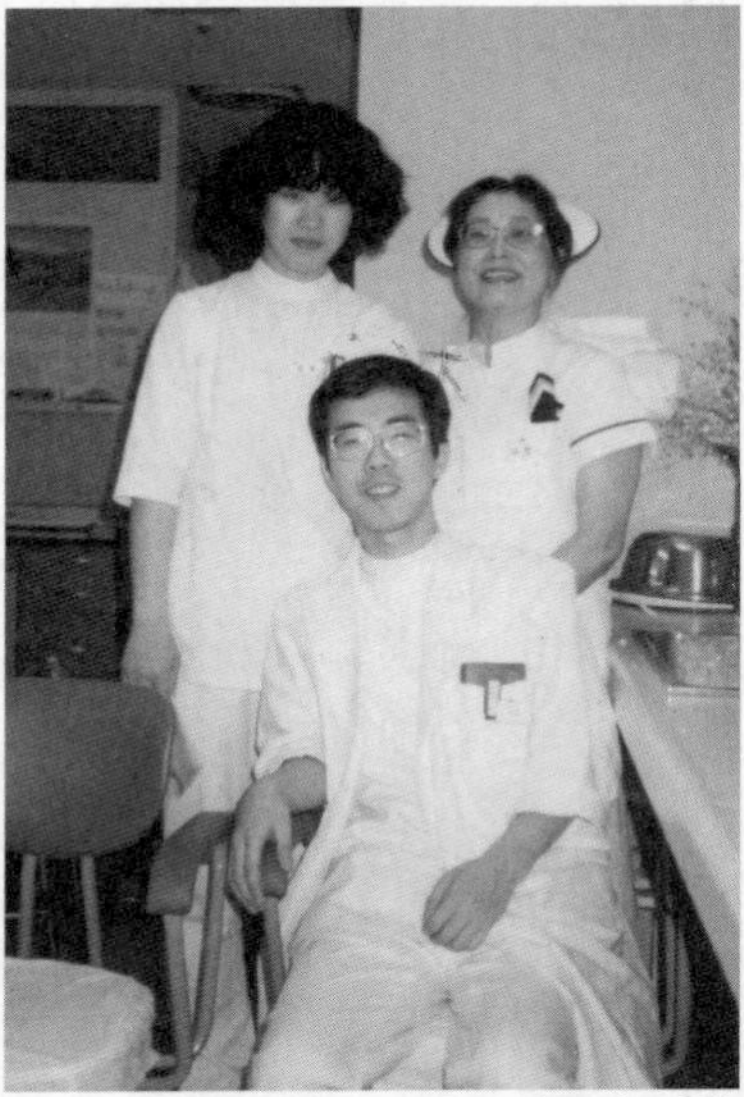

聖隷三方原病院のレントゲン室で（手前）

した。それから40年余り。お年寄りを看取ることの多い今も、秋田の地で考え続けています。

秋田大医学部付属病院から浜松・聖隷三方原病院への転勤は教授の一声で決まりました。しかし、学んだことは極めて重要かつ有益でした。教授の胸の内には、医者の基本を身に付けさせようという深い温情があったのだ――。しみじみそう思う今日この頃です。

博士目指し大学院に

自分の歩むべき道を見つけた気持ちで浜松から秋田へ帰ってきました。実は浜松にいるうち秋田大医学部大学院博士課程の試験に合格。医者の仕事をしながら、院生1年目を浜松の病院で過ごしてきました。今度は秋大医学部付属病院で院生2年目を迎えることになりました。昭和57（1982）年4月のことです。

「医学博士」は専門性の高さを示すとともに、当時「一人前の医師」になったことの証しと目されていました。医者をしながら学位論文を提出、博士号を取る方法もありましたが、それではいつ取得できるかめどが立ちません。大学院へ進む方が近道だったのです。

大学院というと、在籍大学で勉強するイメージが強いかと思います。でも医学部は医療技術の実地研修が何より大事であり他病院の勤務（臨床経験）も課程に組み入れられていました。

現在は医学博士より「専門医」の方が一般的です。内科、外科、小児科、泌尿器科など各科の専門医であることを示す認定証を、医院の待合室でご覧になった方もいるのではないでしょうか。特定の科によらない「総合診療医」という医師も登場してきています。

博士を目指すのに困ったことが一つありました。大学院生ですから授業料を払うのは当然としても、大学病院では医者として働いても給料が出ないのです。「インターンの無給医問題」は昭和40年代、東大医学部に端を発する学生運動の一因にもなりましたが、僕は当時、「そんなものなのか。しょうがない」程度の認識しかありませんでした。

浜松・聖隷三方原病院を去る日。お世話になった先輩医師と(中央)=昭和57年3月

でもお金がないと生活できません。奨学金を申請し、時々頼まれる他病院でのアルバイトの報酬をプラス。足りない分は浜松でためてきた預貯金を充てました。

そんな暮らしを教授が見かねたのかどうか。院生3年目に茨城県水戸市の病院への「派遣命令」が下りました。将来に光明の差した浜松とは全く逆の意味で、貴重な経験となります。

自信ついた水戸研修

びっくりしました。とにかく手術をしたがる先輩医師でしたから。昭和58（1983）年春、水戸市の病院の泌尿器科に赴任した時のことでした。

手術をすべきかどうか。医者は常に難しい判断を迫られます。明らかに必要、あるいは不要の場合はいいんです。厄介なのは要不要が微妙な境目の病状です。手術した方がいいとしても、患者さんが高齢で体力的に耐えられるかどうかという問題が起きるケースもあります。

先輩医師は境目で切りたがるタイプでした。手術をしなくてもいい症例もありました。薬で治療してみて効果が期待できないようなら手術、というのがオーソドックス（正統）な考え方であり、僕も当時からそれに倣ってきています。

しょっちゅうけんかになりました。僕が診察して退院させた患者さんもいました。だって手術が不要なら、入院する必要もありませんから。

後日談があります。この病院には当初、秋田大から別の医師が派遣される予定だったそうです。しかし、手術好きのこの医師との人間関係が難しくなりそうなので「市川ならうまくやれるだろう」と判断。僕にお鉢が回ってきたと聞きました。結局、その僕も医者としてこらえ切れなかったのですが…。医師人生で最もつらい時期でした。

今思えば、この病院では連日、朝から深夜まで手術をして鍛えられました。結構大きな病院ながら医師の夜間当直は1人。救

当時はやっていたNHK連続テレビ小説「おしん」をまねた芸を披露＝昭和58年暮れ、病院の忘年会

急患者を何でも処置しなければなりませんでした。他科より応援もよく頼まれました。お産後、出血の止まらない妊婦さんがいました。緊急事態を知らせる「コードブルー」。僕も外科医も産婦人科医も総出で対処。「頑張れ、頑張れ」と励まし続け救命して後日、妊婦さんの母親からお礼の手紙を頂きました。

医師免許を取得した年に赴任した浜松、そしてこの水戸と計約2年半の病院経験でかなり自信がつきました。ところが水戸から戻った秋大医学部付属病院で、全く予想だにしないことが待ち受けていました。

全精力傾け博士論文

秋田大医学部の大学院博士課程は、4年で修了するのが通例でした。病院で臨床経験を積み重ねる傍ら、博士課程の実験や研究を継続。水戸から秋大医学部付属病院に戻った昭和59（1984）年4月からは、院生4年目として博士論文をまとめるだけのはずでした。

ところがです。泌尿器科に限らず、医局講座の医師はよく入れ替わります。僕の博士論文を指導してくれる先輩医師も例外ではありませんでした。1人目は他大学へ移り、もう1人もアメリカに留学。教授の指示で論文テーマの変更を余儀なくされたのです。

慌てました。変更指示が5月。11月には論文を提出しないといけません。テーマはかみ砕けば「腎臓はなぜ尿を排出するのか」。腎臓は病巣部分を切除しても残った部分で尿を出します。心臓が電気信号で鼓動するように、腎臓も電気信号で排出の働きが維持される—。

その仮説を立証する論文でした。

午前中は診療。午後から夜遅くまでブタの腎臓を使って一人での実験。フル回転でした。指導医師がいないこともあり、先行きが見えてきません。孤独と疲労と不安でほぼノイローゼ状態。フラフラでした。

論文提出前夜のことが忘れられません。教授がふらっと医局に現れ、「見せてみろ」。2時間はかかったでしょうか。横に陣取り、付きっきりで一字一句手を入れてくれました。

医学部教授らによる面接審査会も高いハードルでした。マークシート方式のように正解が一つの穴埋め問題ではありません。しかも博士論文の発表後質疑応答です。評価が分かれます。僕

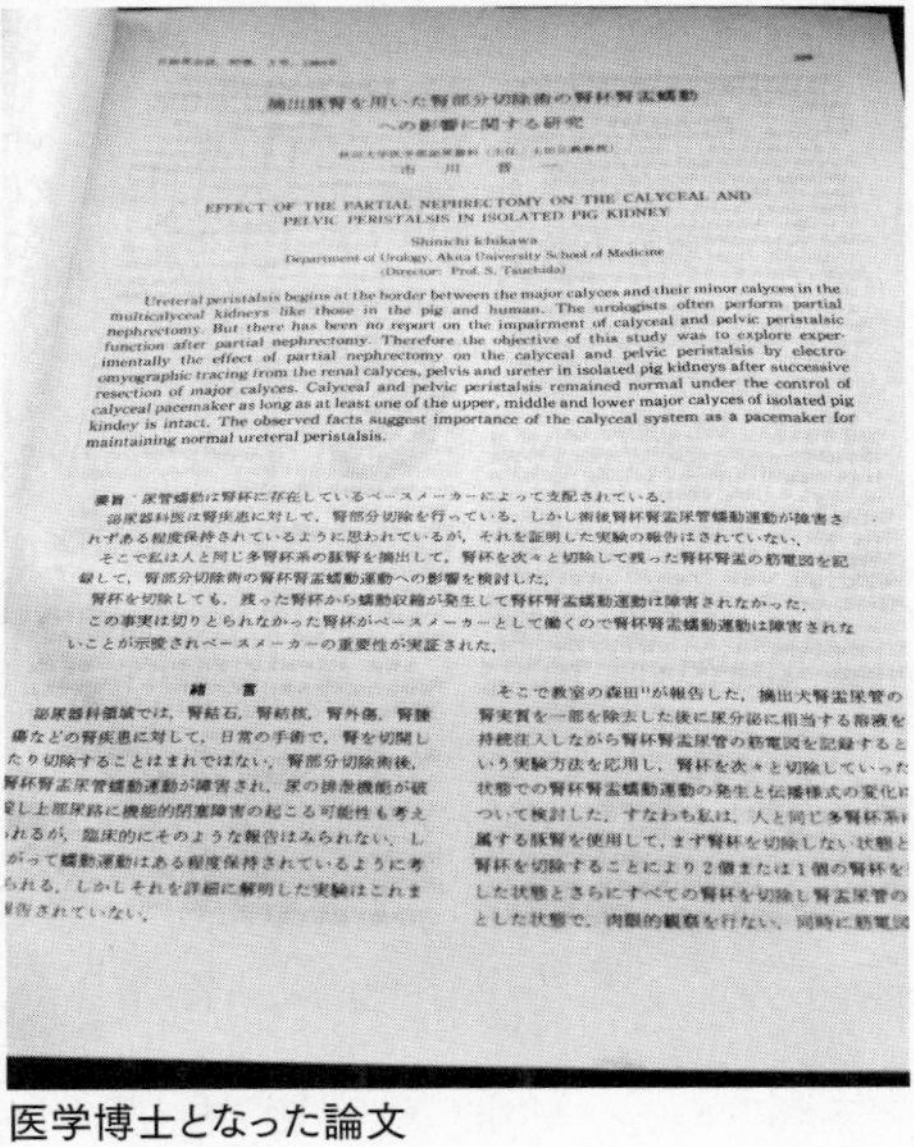

摘出豚腎を用いた腎部分切除術の腎杯腎盂蠕動への影響に関する研究

市川晋一

EFFECT OF THE PARTIAL NEPHRECTOMY ON THE CALYCEAL AND PELVIC PERISTALSIS IN ISOLATED PIG KIDNEY

Shinichi Ichikawa
Department of Urology, Akita University School of Medicine
(Director: Prof. S. Tsuchida)

Ureteral peristalsis begins at the border between the major calyces and their minor calyces in the multicalyceal kidneys like those in the pig and human. The urologists often perform partial nephrectomy. But there has been no report on the impairment of calyceal and pelvic peristalsic function after partial nephrectomy. Therefore the objective of this study was to explore experimentally the effect of partial nephrectomy on the calyceal and pelvic peristalsis by electroomyographic tracing from the renal calyces, pelvis and ureter in isolated pig kidneys after successive resection of major calyces. Calyceal and pelvic peristalsis remained normal under the control of calyceal pacemaker as long as at least one of the upper, middle and lower major calyces of isolated pig kindey is intact. The observed facts suggest importance of the calyceal system as a pacemaker for maintaining normal ureteral peristalsis.

要旨：尿管蠕動は腎杯に存在しているペースメーカーによって支配されている。泌尿器科医は腎疾患に対して、腎部分切除を行っている。しかし術後腎杯腎盂尿管蠕動運動が障害されずある程度保持されているように思われているが、それを証明した実験の報告はされていない。そこで私は人と同じ多腎杯系の豚腎を摘出して、腎杯を次々と切除して残った腎杯腎盂の筋電図を記録して、腎部分切除術の腎杯腎盂蠕動運動への影響を検討した。腎杯を切除しても、残った腎杯から蠕動収縮が発生して腎杯腎盂蠕動運動は障害されなかった。この事実は切りとられなかった腎杯がペースメーカーとして働くので腎杯腎盂蠕動運動は障害されないことが示唆されペースメーカーの重要性が実証された。

緒言

泌尿器科領域では、腎結石、腎結核、腎外傷、腎腫瘍などの腎疾患に対して、日常の手術で、腎を切開したり切除することはまれではない。腎部分切除術後、腎杯腎盂尿管蠕動運動が障害され、尿の排泄機能が破壊し上部尿路に機能的閉塞障害の起こる可能性も考えられるが、臨床的にそのような報告はみられない。したがって蠕動運動はある程度保持されているように考えられる。しかしそれを詳細に解明した実験はこれま報告されていない。

そこで教室の森田[1]が報告した、摘出犬腎盂尿管の腎実質を一部を除去した後に尿分泌に相当する溶液を持続注入しながら腎杯腎盂尿管の筋電図を記録するという実験方法を応用し、腎杯を次々と切除していった状態での腎杯腎盂蠕動運動の発生と伝播様式の変化について検討した。すなわち私は、人と同じ多腎杯系に属する豚腎を使用して、まず腎杯を切除しない状態と腎杯を切除することにより2個または1個の腎杯をした状態とさらにすべての腎杯を切除し腎盂尿管のとした状態で、肉眼的観察を行ない、同時に筋電図

医学博士となった論文

の論文もいろいろ意見が出ました。しかし、それを取りまとめてくれたのも、僕が師事した泌尿器科の教授でした。

浜松や水戸への突然の病院派遣でも、博士論文を巡っても「厳し過ぎる」と感じたこともありました。でも、それも「良き医師」に育て上げようという明確な狙いがあったのです。教授はまさに「慈父」でした。

博士になり大曲赴任

「縁の不思議さ」を感じないわけにはいきません。誰かが裏で操っているのではないかと思うほどです。

昭和59（1984）年12月、大館市の「秋田労災病院」へ派遣された時もそうでした。秋田大の医学部時代、大曲市の仙北組合総合病院（現大仙市、大曲厚生医療センター）で実習。その際、お世話になった先輩外科医・佐々木英人先生（秋大医学部1期生）と6年ぶりに再会したのです。

先輩は秋田労災病院の外科部長になっていました。「よく来たな」。科は違うにしろ、僕も若輩ながら泌尿器科医になっており、医学・医療について、学生実習の時よりぐっと話が弾むようになっていました。

縁はこれにとどまりません。それから十数年後、僕が西木村（現仙北市）の西明寺、桧木内診療所の所長に就いた時には、隣町の田沢湖病院の院長を務めていたのです。その際も「よく来たな」ともろ手を挙げて歓待してくれました。

ただ、大館赴任には一抹の不安が付きまとっていました。赴任直前の11月には医学博士の論文を提出。翌60年春には博士号を取得する見込みでした。博士になると「お礼奉公」といい、3年間は教授の意向通り、どこの病院でも行かなければならない「決まり」があったのです。

大館に来る際、教授から言われたのは「（大館勤務は翌60年の）春までかなあ」ぐらい。春以降も大館にいるのか、別のところへ転勤するのか、見当さ

昭和61年10月当時の仙北組合総合病院

えつかなかったのです。医学博士として再スタートできると期待が膨らんでいた分、中ぶらりんな気持ちが募りました。

60年3月、それに決着のつく呼び出しがありました。教授の口から出たのは「4月から仙北組合総合病院へ行くように」。仙北組合病院実習で面倒を見てもらった先輩との再会、さらに今度はそこへの赴任と、度重なる「奇遇」に驚きました。学生実習の際、仙北組合病院側が手厚く処遇してくれたことにも縁を感じました。

■仙北組合総合病院時代

医者人生が一層充実

34歳。医学博士。大曲市の仙北組合総合病院（現大仙市、大曲厚生医療センター）への赴任は、年齢的にも経験的にも実質上、僕の医者人生のスタートとなりました。泌尿器科の科長という立場もわきまえたつもりです。若手医師の面倒を見ながら、何かあれば、科長として責任を取らなければならないからです。

秋田大医学部5、6年生の時に習った三浦亮先生（後に秋大学長）の教えを思い起こしていました。先生は患者さんの名前も病歴も現在の症状も、さらには学生の顔も名前も一人残らずきちんと把握していました。

患者さんは不安を抱えて病院を訪ねてくる。病気に限らず、人生の悩みも内に秘めているかもしれない。大丈夫ですよ。安心して治療を受けてください―。そんな診療を目指す前提として、一人一人のことを覚えるようにしていたと受け止めました。

患者さんにすれば、うれしい気遣いで、医師への信頼感が増します。学生にしても個別の目配りはやる気につながります。

僕も大曲に赴任後、患者さんと極力話をするようにしました。最初、特に心を砕き、個別に面談したのは「人工透析」の患者さんたちです。透析とは血液の老廃物を取り除き、体内に戻す治療。定期的に実施しないと命に関わるばかりか、1回4～5時間、週に3回と生活面でも大きな制約を受けます。患者さんの病状とともに、本人や家族の思い、さらに生活状況も理解しておく必要があったのです。

予想外でした。皆さん、腎臓病について知らなかっ

三浦先生（手前、今年2月死去）と（後列右）＝昭和54（1979）年

たのです。来院した時にはすぐに透析を始めなければならないほど悪化しているケースも結構ありました。以後、腎臓病の啓発と透析患者会の活動に力を注いでいくことになります。

大曲では、秋大の原田忠講師の手術指導を受けながら仕事を充実させ、私生活でも大きな転機を迎えました。妻と巡り会い、一緒になったのです。

実った猛烈アタック

猛烈にアタックしました。でも最初は全く相手にしてもらえませんでした。恋愛は小説の重要テーマ。いろんな本を通し、「恋は人を狂わす」と知ってはいました。なるほど、実際もほぼその通りで、作家の洞察力に改めて深く感じ入りました。

相手は同じ仙北組合総合病院（現大曲厚生医療センター）の看護師。きっかけは病院の職員旅行でした。職員でつくる韓国行き実行委員会の僕が委員長、彼女が委員になり、よく顔を合わせるようになりました。

「この人だ」と思ったのは、現地でハプニングが起きた時です。ある寺で「1杯飲めば10歳若返る」と伝えられる水を何杯も飲んだ看護師数人が腹痛を訴え、吐いたり下痢をしたりしました。治療は韓国の医師にホテルまで往診してもらいましたが、彼女は一晩中、付きっきりでお世話をしていました。その姿に「結婚したい」という気持ちが湧き上がってきたのです。

一気に距離が縮まったのは、彼女の両親宅へあいさつに伺った時だったと思っています。その場で「結婚したい」と申し出たのです。両親とも「娘が付き合っている男性の紹介」ぐらいにしか捉えていなかったようで、びっくりした顔を今でも覚えています。

本人から「いい」とも「悪い」とも聞かないうちに、今度は僕の両親に会ってもらおうと、故郷の兵庫県姫路市へ向かいました。付いてきてくれたのは内心OKだったからでしょう。

韓国旅行は僕が仙北組合病院に赴任した翌年の昭和61（1986）年の秋、両方の親にあいさつし

ついに結婚式。（右から）妻の明美、僕の父と母＝昭和62年6月、大曲市（現大仙市）

たのがその年の暮れから翌62年初めにかけて。この年3月に結納、6月には結婚式と人生が目まぐるしく動いた時期でした。

妻は明美といい、神岡町（現大仙市）出身、九つ下でした。以来、ずっと僕を支え続けてくれています。

この結婚により仙北組合病院で15年間、腰を落ち着けた診療生活を続けることになります。

忘れ得ぬ患者カップル

僕が受け持った患者さんの中に、どうしても忘れられないカップルがいます。2人は慢性腎炎を患い、小さい頃から仙北組合総合病院（現大曲厚生医療センター）への入退院を繰り返していました。

彼女に初めて会ったのは秋田大医学部付属病院。人工透析を始めるため入院していました。僕がその後、仙北組合病院に赴任、仙北組合病院に透析通院していた彼女と再会しました。小さい頃から一緒に入退院することの多かった彼と付き合っていることもその時知りました。

2人は結婚を約束していました。周りは反対でした。彼の方は腎炎が回復したものの、彼女は透析を続けたままだったからです。そこで考えました。父親の腎臓を移植し、通常の暮らしができるようになってから結婚式を挙げたらどうか――。

　移植後の経過は順調そうに見えました。ところがその腎臓も悪化。彼女は再び透析せざるを得なくなりました。それでも彼の気持ちは揺るぎません。1回4～5時間、週3日の透析というハードルを乗り越え、新生活をスタートさせました。

　運命のいたずらでしょうか。彼女に次の病気が待ち受けていました。乳がんになったのです。透析をしていると免疫力が落ち、がんになりやすいとされています。手術を受けましたが、若い分、進行が早く、予後がいいとはいえませんでした。

　仙北組合病院には透析の患者会があります。そのメンバーで大森町（現横手市）に花見に出掛けまし

「先生、来年も」―翌春の花見はかなわなかった

た。「先生、来年も一緒に花見したいですね」と彼女がささやきます。「そうだね」と僕は答えました。でも医者として病状の進行具合は分かっています。心の内で泣いていました。同行した妻も泣いていました。翌年4月の花見はかないませんでした。

お通夜。「先生、顔を見てやってください」。彼は嗚咽《おえつ》をこらえることができませんでした。後に彼もまたがんを患うことになるとは、想像すらできませんでした。

限りある命の生き方

西木村（現仙北市）の西明寺診療所に来てからのことです。奥さんを亡くした彼が来院するようになりました。腎臓の具合を診たり、近況を聞いたり…。ある時「お尻（肛門）から出血する」と言い出したのです。

がんの疑いを直感、大きな病院での精密検査を何度も強く勧めました。しかし、手術を受けず、抗がん剤や放射線といった治療も期待したほど効果はありませんでした。痛みを取る緩和ケアへ移行。そんなに苦しい最期ではなかったはずです。

なぜ手術を受けなかったのだろう。医学・医療的なことだけではなかったのではないか―。

彼は奥さんと幼なじみでした。小学生の時から同じ慢性腎炎で同じ病院の小児科で入退院。同じ境遇が人間関係を深め、成長するにつれて男女の愛へとつながっていったとしても何ら不思議はありません。その妻が人工透析で不便な生活を強いられた上、乳がんで手術後も苦しむ姿が脳裏に焼き付いて離れなかったようです。

命と人生の在り方は深く結び付いています。命には限りがあり誰もがいつかは最期を迎えます。妻を亡くした時に人生が終わったのでしょうか。彼にとり妻への愛を貫き通すことが人生の全てだった気もするのです。

浜松で診た患者さんのことも時折、思い起こします。腎臓がんで、来院した時には手の施しようがありませんでした。ある日から、ぱったり病院に来なくなったのです。

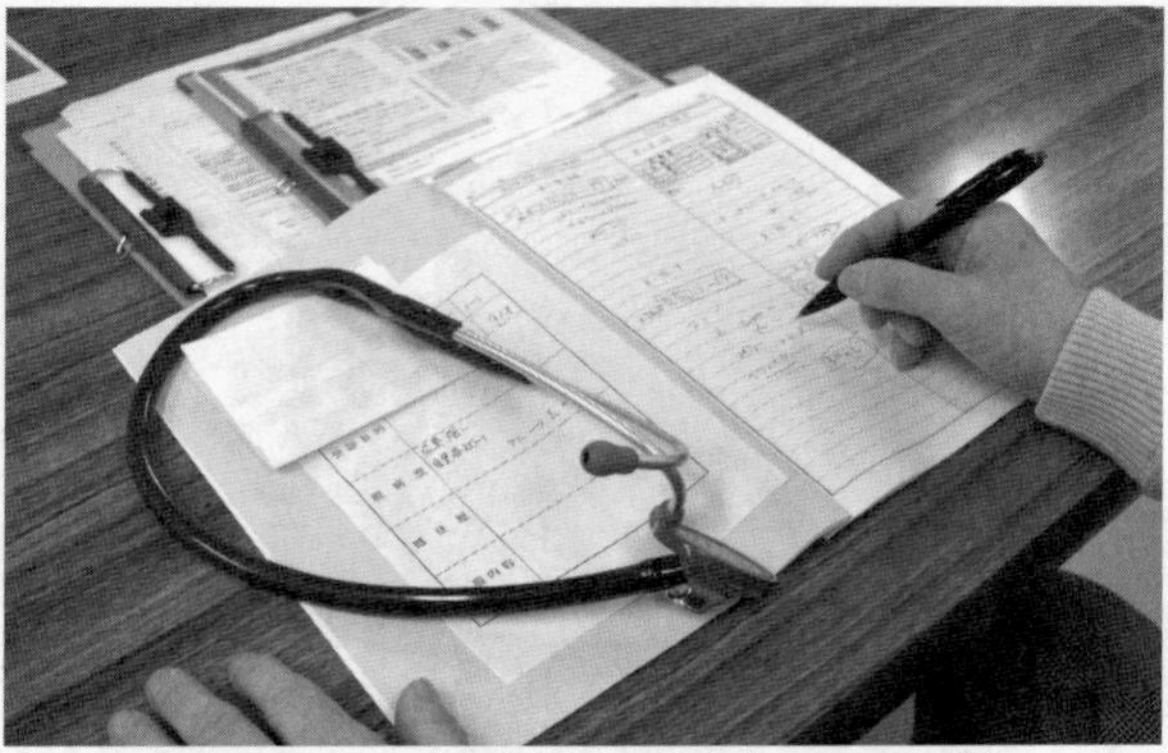

亡くなった患者さんのことを今も思い出す（イメージ写真）

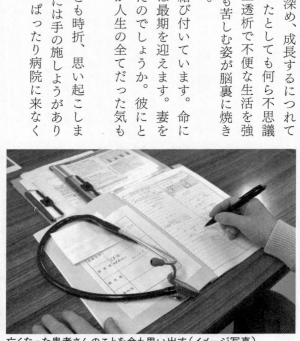

医者になりたての頃。居ても立ってもいられなくなり、自宅を訪ねました。ミカン農家でした。「先生、よく来たね」。思ったより元気そうでした。手渡されたミカンを一緒に頬張りながら、暮れなずむミカン畑の中に身を置いていました。

多くを話したわけではありません。でも横に座り、同じ夕日を眺めているうちに分かったような気がしました。「こうしてミカンを育てながら、住み慣れた自宅で最期を迎えたい」

病院で診察・治療することだけが医者の務めではないと知った瞬間でした。

頼まれたら断らない

困っている人がいたら助ける。来院できないならこっちから出掛ける——。ずっとそう思ってきました。今でこそ医師や看護師が出向く「訪問診療」は当たり前になっています。でも僕が大曲市の仙北組合総合病院（現大仙市、大曲厚生医療センター）に赴任した頃、全県的には、まだあまり普及していませんでした。昭和60（1985）年春のことです。

秋田大の医学部時代、長野の先進病院で実習。全国に先駆けた健康診断は、予防に力点を置くだけでなく、農村各地に医師側が出向くという点でも画期的でした。浜松の病院勤務。病院に来なくなった患者宅を訪ね、診察したのは僕にとって初めての訪問診療でした。

幸い、仙北組合病院は看護師による「訪問看護」に取り組んでいました。これを土台に医者も参加する訪問診療への拡充を試みました。泌尿器科医であることも強みでした。というのは寝たきりの患者さんは、管をいれておしっこを出しているケースがあり、その処置を専門としているのが泌尿器科医だからです。

内科の医師が突然、転勤。「後を頼む」とその医師が担当していた訪問診療を任されたこともありました。泌尿器科の訪問診療の患者数はせいぜい5人程度。それが内科を含めて30～40人まで増えたのです。1日で10人訪問と文字通り目が回るほど忙しい時もありました。

定期的に訪れて診療するのを「訪問診療」、依頼があって医者が訪ねるのを「往診」といいます。高齢化が進み、在宅患者や施設入所

県農村医学会学術奨励賞を祝う会であいさつ＝平成6年2月

者が増えるにつれ、どちらの必要性も高まっています。第一、寝たきりの方が介助の手を借りて車で来院、しかも待たされ、ほぼ半日かかる。それに対し僕が出向けば、短時間で終わる。その方がいいに決まっているじゃないですか。

「頼まれたら断らない」が僕のモットー。現在の仙北市西明寺、桧木内診療所でも力を振り絞って対応しています。

泌尿器検診で医学賞

お年を召した方にとって、開業医の診察といえば、問診して、聴診器を当てて…。検査機器といっても胸の内部を写すレントゲンぐらいだったのではないでしょうか。

診療科によりますが、現在、エコー（超音波診断装置）は当たり前。診療所（医院）によってはCT（コンピューター断層撮影）やMRI（磁気共鳴画像法）を導入しているところもあります。もちろん大きな病院ではこれ以外にもさまざま機器類を備えています。

この機器の発達は医療を大きく変えました。革命的といっていいほどです。従来は医師自身の「見立て」が頼り。それが、どの医者が診ても分かるような診断画像が得られるようになったのです。例えば前立腺がん。昔は触診が主流でした。最近はMRIでも診断できるようになっています。

エコーは僕が医者になる昭和50年代に普及し始めました。当初は解像度が低く、使い勝手がよくありませんでした。しかし、現在は性能がぐんと上がり、泌尿器関連だけでなく、おなかの中を大抵診ることができます。痛みもなく手軽。今や聴診器代わりになっています。

仙北組合総合病院（現大曲厚生医療センター）でこのエコーをフル活用し、取り組んだことがあります。仙北郡（当時）内で腎臓、膀胱、前立腺の集団検診を展開したのです。泌尿器に絞った検診は当時、かなり珍しかったはずです。

僕としてはそれまでに考え、培ってきたことの「まとめ」の意味がありました。病気になる前の予防に力を入れる。医者側が地域に出向き診察

仙北組合総合病院で南外村（現大仙市）へ訪問診療＝平成6（1994）年2月

する。そして医療機器技術の発達によって登場したエコーを使いこなす。この三つを組み合わせた試みだったのです。

ですから平成6（1994）年1月、県農村医学会の学術奨励賞を学会長の林雅人平鹿総合病院長の推薦で頂いた時はうれしかった。もっといろいろなことにチャレンジしなさいと背中を押してくれたような気がしました。

学会でロンドン出張

初めて外国での国際学会に出席したのも、仙北組合総合病院（現大曲厚生医療センター）時代のことでした。仙北組合病院への赴任と同様、この海外出張も教授の一声で決まりました。

「市川君、国際学会に行ったことがあるかね」「ありません。（秋田大医学部付属病院泌尿器科の）医局に入る時、1回は行かせるからと言っていたじゃないですか」「そうか。じゃあ、今度（医局の）西沢理講師（私の排尿障害の指導医）が行くから、一緒に出張しなさい」

こんなふうにしてロンドンで開かれる「国際禁制学会」に参加することになりました。「禁制」とは聞き慣れない言葉かと思いますが、実質的には「尿失禁」あるいは「尿漏れ」

と捉えてもらって構いません。仙北組合病院に勤め始めた昭和60（1985）年の8月から9月にかけ、ヨーロッパへ出掛けました。

尿失禁の研究や診療は欧米の方が進んでいました。スウェーデンの南側、デンマークに程近い「ルンド大学」で先端の研究や治療法を研修後、ロンドン入りしました。この学会は内科や外科と比べれば小規模です。それでも会場は大きなホテル、歓迎パーティーも千人は入るような大ホールで開催。ロンドン市長まであいさつに訪れたのにはびっくりしました。

初の海外。しかも行き先は華やかなロンドン。浮き浮きした気分を抑えられませんでした。昼過ぎには学会を抜け出し、ウェストミンスター寺院と

スウェーデン・ルンド大近くのカフェで＝昭和60年

か大英博物館とか、名所・観光地を訪ね歩きました。まるで「お上《のぼ》りさん」。バーバリーでコートを買い、ウェッジウッドでは陶製のディナーセットの食器を品定めしました。どちらも高級ブランドとして有名だったのです。

当時、尿失禁は日本ではあまり注目されていませんでした。教授が全国に先駆けて着目。早い段階から学ばせてもらいました。その蓄積は平成に入り、高齢化が加速度的に進行。尿失禁が重要な問題として認識されるようになるにつれ、ますます生きてくることになります。そして尿失禁のケアを仲間と学ぶ「秋田コンチネンス勉強会」を立ち上げました。

■農村医療の最前線へ

転勤断り村の診療所へ

人生にはどうも波があるようです。大曲市の仙北組合総合病院（現大仙市、大曲厚生医療センター）での日々は、平穏無事なベタ凪《な》ぎ、せいぜい小波がさざめく程度でした。当時、秋田大医学部付属病院からの医師派遣は2～3年、極端な場合、3～6カ月で異動させられることもありました。僕は仙北組合病院の看護師と結婚したこともあり、10年以上にわたり、落ち着いた診療生活を送ることができていました。

もう仙北組合病院で定年を迎えるかもしれない、それもいいなと思っている頃でした。何の前触れもなく大波が襲ってきました。秋大泌尿器科の教授が交代。新しい教授から県央部の病院への転勤を打診されたのです。

仙北組合病院の泌尿器科科長から、転勤先病院での院長昇進もにおわされました。悩みました。一体、医者として僕は何を目指してきたのだろうか―。原点に立ち返り、考えました。

昇進という階段を駆け上がる選択肢もありそうでした。しかし、胸の奥底から湧き上がってきたのは、若い頃から望んでいた「農村医療への貢献」でした。それには、大曲仙北という一大農村地帯を診療エリアとする仙北組合病院の方が適しているのは明らかでした。

お断りしました。ただ、その余波は大きくなるばかりでした。意向に沿わなかったからか、泌尿器科教授との間にさざ波が立つようになり、仙北組合病院の院長には慰留されていたものの、立場に変化が生じてきました。

しかし、人生、何が起こるか分からないものです。

赴任した頃の西明寺診療所。平成16年、現在地に建て替え

西木村（現仙北市）から、村立診療所に来てくれないかという話が舞い込んできたのです。農村医療の最前線です。妻に相談したら「もう決めたんでしょ」。子供を連れて一家3人で行くことになりました。

平成11（1999）年暮れのことでした。15年間お世話になった仙北組合病院を離れ、翌12年4月から始まる診療所生活に期待は膨らむばかりでした。

温かく寄り添う医療

平成12（2000）年4月、西木村（現仙北市）の西明寺、桧木内診療所に張り切って赴任しました。若い頃から目指してきた農村医療。しかも西木村はそのど真ん中に位置しているのですから。

最初に取り組んだのは職員の意識改革です。国立や公立の医療機関はどうしても「お役所仕事」になりがちです。西木の診療所もその傾向が抜けていませんでした。大曲の民間病院に長く勤務。その経験から、とてもそれではやっていけないことは重々承知していました。

患者さんをお客さんとして接遇し、診療する――。そんな医療を心がけました。

最近は「医療接遇」という言い方をするようになっています。患者さんは大抵、病気によって身体的な苦痛に加え、気持ちの面でも不安を抱えています。医療接遇とは単なるおもてなしを超えて、苦しみや不安を取り除き、対等な立場で寄り添うことを指します。

長野で全国に先駆けて農村医療を確立した若月俊一先生の「農民とともに」、そして秋田大医学部で教えを請うた三浦亮先生の「患者一人一人に寄り添う医療」。大先輩の先を読む「目の確かさ」に敬服するとともに、どちらの先生にも直接学ぶことができたことを改めて光栄に思っています。

泌尿器科が専門だったことも幸いしました。内科や外科に比べ、泌尿器科医は圧倒的に少ないのです。診療所では風邪をはじめ、高血圧とか糖尿病とかの慢性病も診ます。でも泌尿器が専門と聞いて

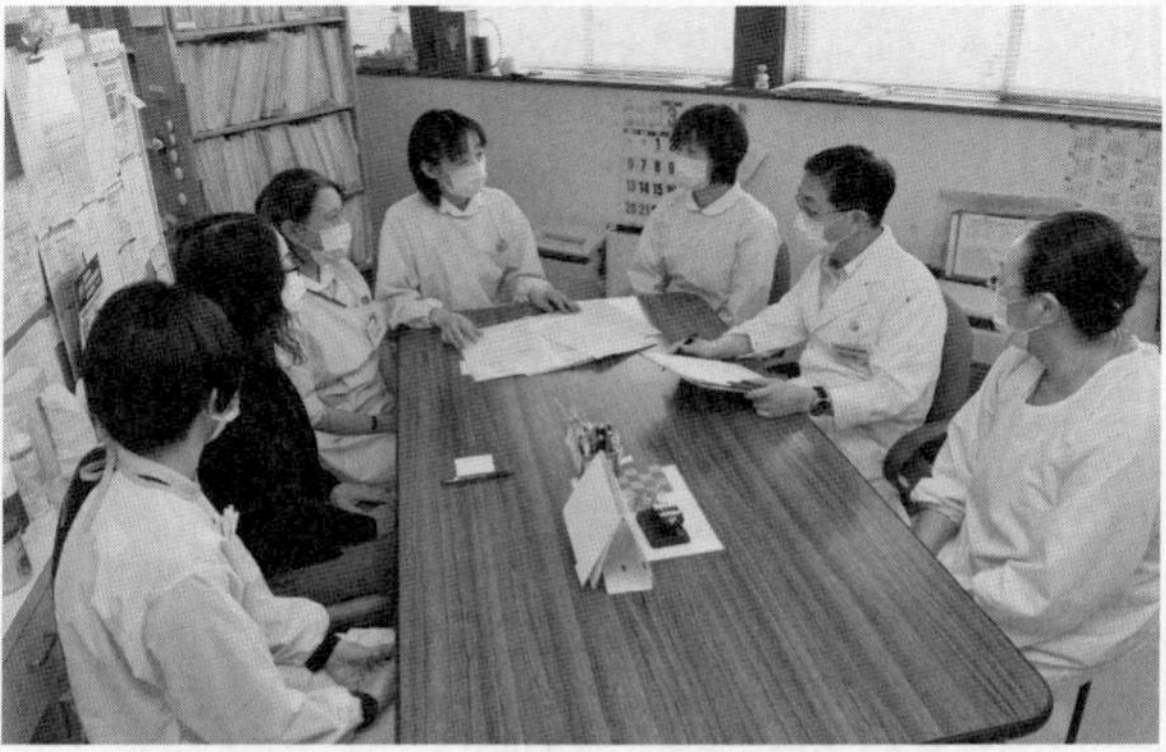
毎朝、職員と打ち合わせ（右から2人目）＝今年3月、仙北市西明寺診療所

訪ねて来てくれる患者さんも結構います。典型例が高齢化の進行に伴って顕在化してきた「尿漏れ」です。

これによって、患者さんの範囲が大曲仙北を越えて、全県各地へと広がりました。僕が赴任する前まで患者数が1日15人程度だったのが、40人、50人へと増えていきました。診療所経営も上向き、1年目にして赤字を脱することができました。

医者は患者の伴走者

大曲市（現大仙市）にいた時からずっと引きずっている問題があります。仙北組合総合病院（現大曲厚生医療センター）には、僕が勤めていた当時、年間十数件救急搬送され、西明寺、桧木内診療所でもたまに遭遇します。自殺です。

なぜ自ら命を絶つのか。難しいテーマです。減ってきたとはいえ、秋田県ではいまだ解決すべき最重要課題の一つに違いありません。同じ死でも、病気で亡くなるのと、自死するのとでは全く次元が異なります。どちらにも日常的に接している医者として、思い悩むことが少なくありません。

農薬を使う。これが農村地帯の第一の特徴といえます。理由はさほど難しくありません。身近にあるからです。男性だと酒と一緒に飲む場合もあります。都会では睡眠薬ということになるでしょうか。でも、睡眠薬はよほど多量に摂取しないといけないのに対し、農薬は少量でも亡くなることがあります。

最大の問題はなぜ自殺をするかです。個人差は当然あります。しかし、医者としての経験から共通点として見いだせるのは「孤独」と「病苦」です。

農村地帯はよく人間関係が濃密とされます。半面、仲が良さそうに見えても、実は言い知れぬ「淋《さび》しさ」を抱えているというケースがあります。稲刈りが終わると、自殺を図る人が多いのも秋田の特徴です。農作業が忙しいうちは迷惑をかけられない。終わってほっとした後に決行するようなのです。

年を取ると体のあちこちに不調が生じます。足や腰が痛い、体がすっきりしない…。孤独感と相

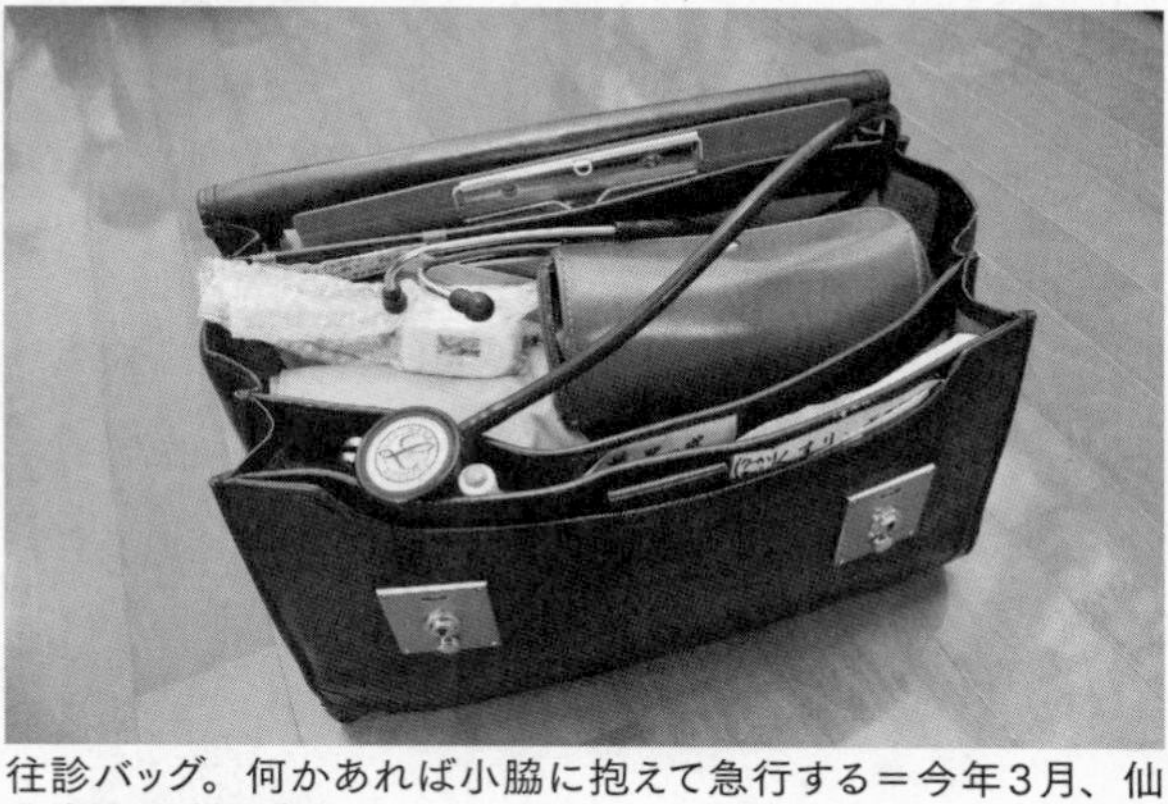

往診バッグ。何かあれば小脇に抱えて急行する＝今年3月、仙北市西明寺診療所

まって死へと自らを追いやるのかもしれません。

医者は患者さんの人生を一手に引き受けることはできません。ただ、そっと寄り添うことはできそうです。診療に限りません。僕でいいのなら愚痴も聞きます、人生相談も受けます。皆さんのために存在しているのが医者なのですから。

医療福祉の何でも屋

西木村（当時）に医者は僕一人。農村医療の最前線といえば聞こえがいいかもしれませんが、「何でも屋」と受け取ってもらった方が、分かりやすいかもしれません。務めが外来や訪問診療、往診の医学・医療に限られないからです。在宅ケアや介護施設の嘱託医、住民健診、学校や企業の健康管理など福祉・保健分野にもまたがっているのです。時には金銭に関する困り事相談まで舞い込むことがあります。

僕の専門は泌尿器科ですけれど、診療所ですから特定の科だけでなく、どんな方のどんな病気も診ます。実際、救急を含めると、老若男女、ほぼ全ての科の患者さんがやって来ます。

最近、「総合診療医」とか「かかりつけ医」という呼び方を聞くことがあるかと思います。

総合診療医は小児科、婦人科を含めて全科を診る医師、かかりつけ医は何でも気兼ねなく相談でき、いつでも診てくれる医者を指します。そう、昔、何かあれば駆け込んだ近所の「町医者（開業医）」といえば、イメージしやすいでしょうか。

僕はどんな科の患者さんでも適切に対応でき、親しみやすく「暮らしを支える」医者を目指してきました。これからもそうあり続けたいと考えています。

もちろん、医者一人で何でもできるわけではありません。病状に応じて、設備が整い、科ごと専門医のいる近隣の病院に紹介、場合によっては救急搬送します。西明寺、桧木内診療所ではまず公立角館総合病院（当時）が紹介・搬送先になります。さらに

現在地に建て替え、完成した西明寺診療所＝平成16（2004）年秋

高度な治療や手術が必要になれば、そこから大曲の仙北組合総合病院（当時）や秋田大医学部付属病院などへ移ってもらうことになっています。

大まかにいうと「診療所（開業医）」「近隣病院」「高度医療病院」の連携と協力で県民の命と健康を守る仕組みになっているのです。そのうち、住民に最も近い所で真っ先に診療や予防に当たっているのが僕ら診療所や開業医なのです。

僕の携帯、村の119番

何年も私にかかっていながら、寝たきりになり、もう通院できなくなったという患者さんがいます。だったら「今度はこちらから伺います」というのが自然な人情でしょう。体が弱り、自力では動けない患者さんを通院させるのは忍びないのです。家族や介助者が大変なのもよく分かっています。仙北組合総合病院（現大曲厚生医療センター）で取り組んだ訪問診療の経験を生かし、西木村（現仙北市）内の患者さん宅を訪ね歩きました。

定期的に自宅に伺う訪問診療に比べ、往診は緊急の場合が結構あります。夜。診療所はもう閉まっています。窓の外は猛吹雪。妻の運転で西木の西明寺から北の桧木内方向へ向かうことにしました。途中の十二峠付近で全く先が見えないホワイトアウト状態。道路を逸脱して2人とも死んでしまうんじゃないかと思うほどでした。

救急にはいろいろなケースがあります。なす漬けを喉に詰まらせた高齢女性、脳梗塞で家族に連れてこられた男性。いわゆる「あたった」という症状です。草刈り機で足を切ってしまった男性作業員もいました。いずれも応急処置を施し、僕が救急車を要請して角館や大曲の病院へ搬送しました。

休診の土曜日や日曜日。診療所近くの自宅に急患が来ることもあります。「断らないで診る」が僕の方針。処置した上で「何かあったら、ここに連絡してください」と僕の携帯番号を教えるようになりました。

ある時以降、知らない人からも携帯に連絡が入るようになりました。なぜだろう。不思議でしょうがありません。程なく謎が解けました。

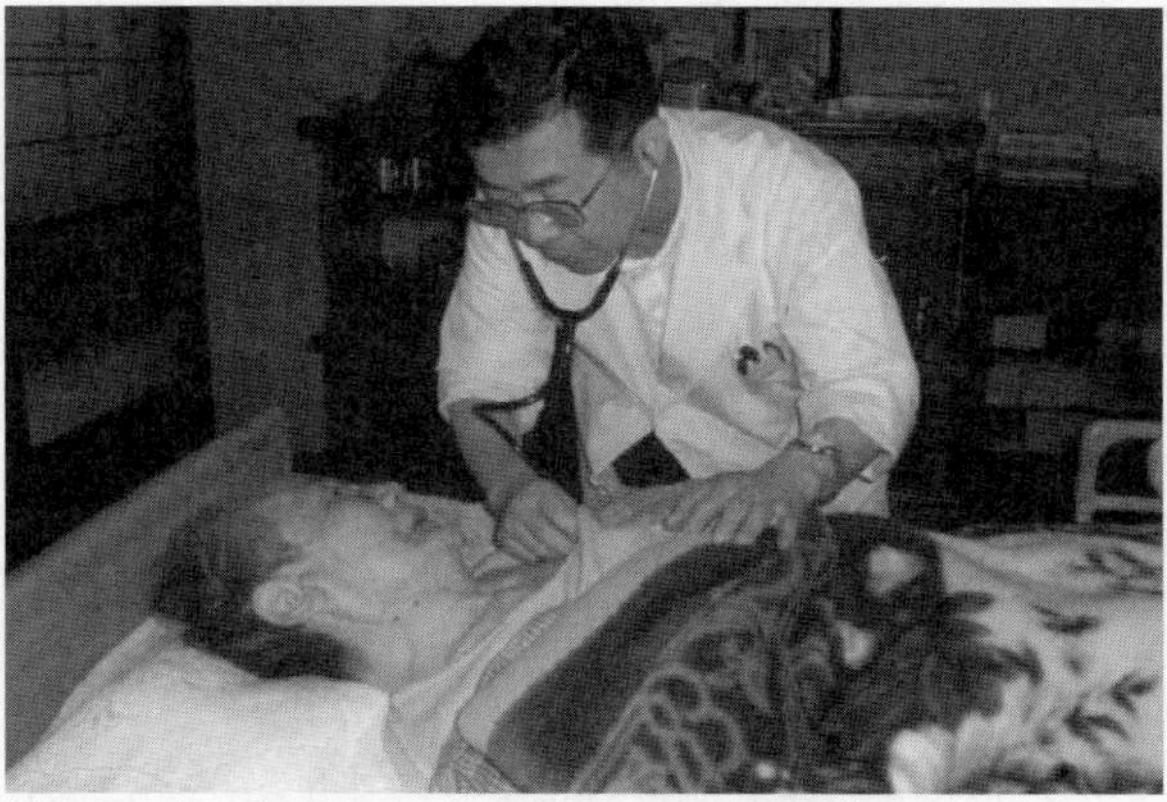
通院できない患者さんにとって欠かせない訪問診療

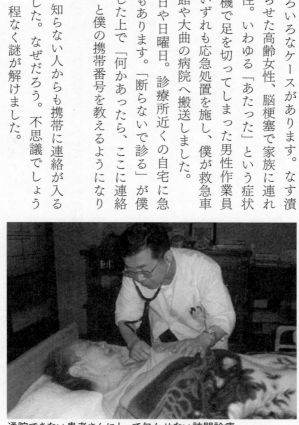

訪問診療や往診でお宅を訪ねると、必ずといっていいほど僕の携帯番号を記した紙が玄関内に張ってあるんです。親類や知り合い同士で番号を教え合っているうち、人づてに知れ渡ってしまったようなのです。

以来、僕の携帯は「緊急連絡先」として定着しています。

「孤独死」はさせない

それは民生児童委員からの相談で始まりました。独り暮らしの高齢男性。アルコール依存症で肝硬変も進んでいました。猫好きで、何十匹も飼っていて、近所から苦情も出るようになっていました。いつ倒れてもおかしくない。どうにかならないでしょうか——。

「先生、酒を飲ませてくれるなら施設に行ってもいいよ」。どうにか説得して近くの老人養護施設に入ってもらいました。

どうしても守りたい一線がありました。「孤独死をさせてはいけない」。男性に身寄りはありませんでした。施設を訪ねてくる人もいません。通院もしていましたが、「最期はここで看取ってほしい」と希望。だからこそ、夜中に見回っていたら、意識がなかったということがないよう、施設の嘱託医として職員の皆さんに話していました。

カップラーメンが好きでね。ご飯（米飯）は食べないのに。約束通り、週に1回はおちょこ1杯の酒を飲んでいました。それが実にうまそうなんですよ。

施設に入って十数年たった頃でした。血を吐いたんです。肝硬変の方にはありがちな症状です。それから3日後。日勤と夜勤が交代する時間帯で、多くの職員が見守っていました。もちろん僕もそばにいました。

吐血後、男性は亡くなりました。でもそこに立ち会ったみんなの気持ちは同じでした。「いいお見送りになりましたね」

男性は僕が西木村（現仙北市）の診療所に来た時から、ケアの必要な人として役場がリストアップしていました。どこにどんな事情を抱えた住民がいるのか。

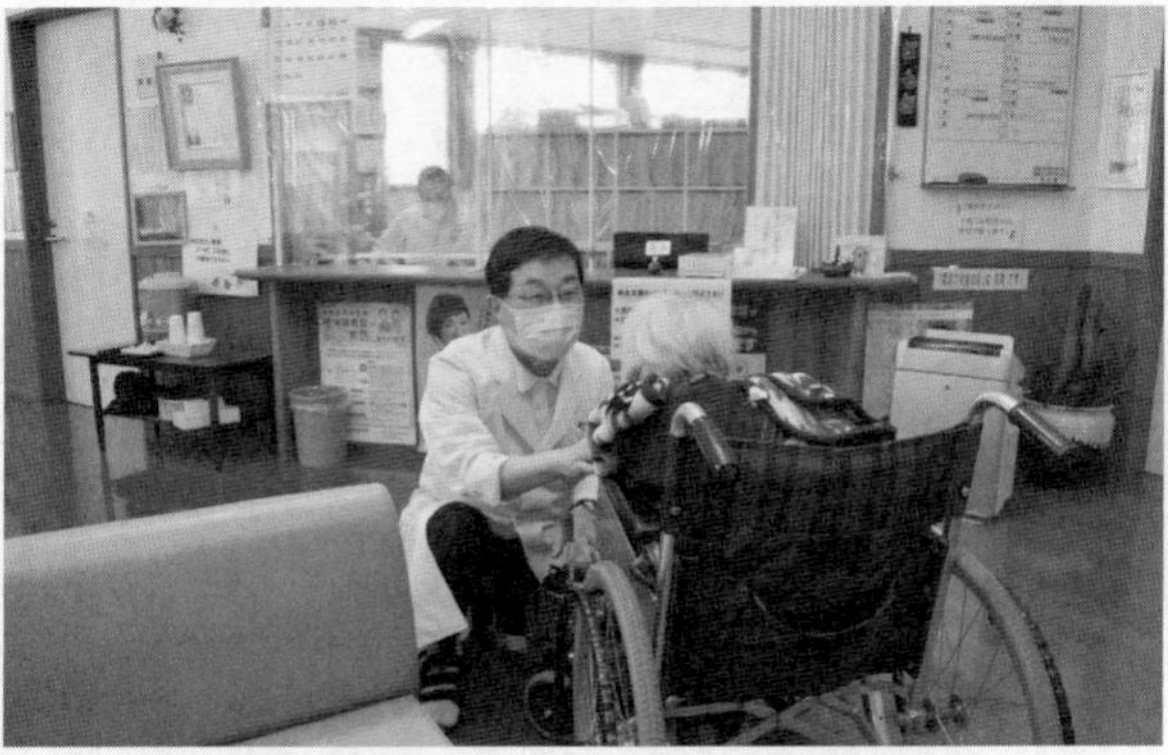
待合室で患者さんに声かけ＝4月、西明寺診療所

村は、国が「地域包括ケアシステム」といった医療福祉の取り組みを始める前から、住民の暮らしを把握、見守る試みを実践していたのです。それは仙北市に引き継がれています。

人生、うまくいくこともあれば、ままならないこともたくさんあります。ただ、どんな人生であれ、最期は温かくみんなで見送ってあげたい――。それは医者であるより前に、人が人たる所以《ゆえん》だと思うのです。

■医療は一人でなし得ない

村にすけべな医者が来た

本好きが高じると、どうしてもやってみたくなることがあります。読むだけでなく、自分でも本を出したくなるのです。

最初に考えたのは、患者さんの生の声の出版。生きる支えにしてもらうとともに、一般にも病気や闘病生活について広く知ってもらおうと考えたのです。

医者は時に重い病と向き合わなければなりません。僕が専門とする泌尿器科では、腎不全や膀胱がんなどが代表例になるでしょう。そんな患者さんの中で人工透析を受けざるを得なくなった方々に「現在《いま》を生きる」、腎臓移植を受けた患者さんたちに「コップ一杯の水」、がんで人工膀胱・肛門を設けた人たちに「がんに克《か》つ」の原稿を寄せてもらい、この3冊を僕が自費出版しました。

患者さんは暮らし向きも人生観も百人百様。病状も胸に秘めた思いもさまざまです。それをしっかり受け止めることも医者の務めと考え、患者さんの声に耳を澄ましてきました。本の出版はそうした試みの一つの表れともいえそうです。

出版物のすごさを知る出来事がありました。西明寺診療所へ赴任した翌年、平成13（2001）年のことでした。秋田魁新報で「聴診記」という医療エッセーの連載を始めたら、大きな反響があったのです。

故郷の兵庫県姫路市を離

健康

聴診記

市川　晋一

高齢者の性意識

村にすけべの医者が来た

ある日、七十四歳のじいさんが来た。「今日は大事なところが悪いので治してくれ。先生はすけべな医者だと聞いてきた。めいまのみやげに『立つ』薬をくれ。匿名希望にしてけれな」

人口六千人の西木村の小さな診療所に来てはや一年。プライマリ・ケア（初期治療）で、身の上から身の立つ話まで何でもかんでも相談される。いちいち専門外と断ってはいられない。村からも「医者の腕（技術）はいらないから、年寄りの話を怒らずゆっくり聞いてくれ」と言われている。

さて、高齢者のセックスはどうなっているんだろう。調べてみると、ほとんど文献がないようだ。村の七十歳以上の元気なお年寄りに聞いてみた。七十歳以上の千三百五人のうち、男性百五十三人（平均七十五歳）、女性百七十三人（同）が答えてくれた。

男性に性欲はあるかと問うと、「普通」三三％（五十一人）、「少しある」三九％（五十九人）、「ほとんどない」二八％（四十四人）と約七割に性欲があった。勃起するかは「立つ」二一％（三十二人）、「たまに」五一％（七十八人）、「なし」二八％（四十三人）。なんと、約七割が勃起する結果だ。少しばかりみえを張ったかもしれないが…。

勃起改善薬服用希望の有無は、「希望」四一％（六十二人）、「不要」五九％（九十一人）と約四割が希望。特に性欲があり勃起する男性は四十九人中、二十八人が改善薬を希望しており、しかも元気な男性ほど希望していた。

女性の性欲については「普通」「多少」がともに一六％（二十七人）、「ない」が六七％（百十五人）。男性と逆に七割に性欲がなかった。配偶者との性生活の満足度は「満足」一一％（十九人）、「少し不満」一三％（二十二人）、「不満」一七％（三十人）。未記入（五九％、百二人）が多かったのは、すでに配偶者がいない人が多いと考えられる。

配偶者に勃起障害改善薬を服用してもらいたい女性は、一五％（二十六人）。これが多いか少ないか。読者のみなさんはどう思いますか。年を取っても、みんな元気でよかったとの感想です。

ところで、じいさん。俺は確かにすけべも専門だ。けど、すけべな医者ではないぞ。

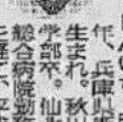

いちかわ・しんいち　昭和26年、兵庫県姫路市生まれ。秋田大医学部卒。仙北組合総合病院勤務などを経て、平成12年から西木村立西明寺診療所長。農村医療をライフワークにしており、同5年に県農村医学会賞受賞した。日本泌尿器科学会専門医。県在宅医療研究会代表。

秋田魁新報に掲載された医療エッセー「聴診記」の1回目＝平成13年4月22日付朝刊

れ、秋田大医学部に入学してから28年。秋田で医者として診察・診療に当たり、徐々に認知されてはきましたが、全県的に名前が知られるようになったのは、この連載からです。

1年間にわたる掲載期間中、実に約50回もの講演を依頼されるほどでした。

魁紙の影響力もさることながら、泌尿器科医ならではのテーマで、面白く読んでもらおうと苦心したのを今でも覚えています。1回目。高齢者の性意識を取り上げ、「村にすけべの医者が来た」と見出しを打ってもらいました。なかなか口には出せない課題ながら、悩んでいるお年寄りが結構いるんですよ。

「俺はすけべ（性）も専門だ。けど、すけべな医者ではないぞ」。初回締めくくりのフレーズは今も気に入っています。

温泉活用し健康増進

温泉にはいろいろな効能・効果があります。僕も大好きです。医者としては温泉に入ることに加え、青い空、山や森、湖など温泉を取り囲む自然の中でくつろぐことで療養できると捉えています。普段、仕事をし、生活をしている所から離れることから「転地療法」と呼ぶこともあります。

西木村は全国的に名の知れた温泉のある田沢湖町に隣接。平成17（2005）年には、角館町を含めて、2町1村が合併して仙北市となっています。健康づくりに温泉を生かす絶好の土地柄。「温泉療法医」として予後の回復、病気の予防、健康増進に取り組んでいます。

きっかけは大きく二つあります。一つは大曲市の仙北組合総合病院（現大仙市、大曲厚生医療センター）にいた頃、退院後、温泉で湯治してから帰宅する患者さんが多かったことです。温泉を利用しない手はないと改めて気付かされました。もう一つは西木の診療所に赴任後、温泉入浴事故の患者さんを診ることがあり、医者として防止の務めがあると考えたのです。

ここでも普段からのお付き合いが生きました。秋田大医学部法医学教室の解剖実習以来、お世話になっていた吉岡尚文先生（元秋大副学長、盛岡市）です。先生は入浴事故を研究、温泉療法医を認定する「日本温泉気候物理医学会」の重鎮で、いろいろ教えを請いました。

一番思い出深いのは24年6月、仙北市田沢湖町で開かれた日本温泉気候物理医学会総会でしょうか。吉岡先生が総会の会長を務めており、仙北市長らとともに田沢

仙北市で開かれた日本温泉気候物理医学会総会＝平成24年

湖誘致を強く働きかけました。全国規模の医学大会の開催は仙北市では後にも先にもこの1回だけです。

「病は気から」とはよくいったものです。長らく医者をしていて、気の持ちようが、体の好不調や病気になる、ならないのと密接に関係しているとつくづく感じます。温泉につかり、心身を解放させてあげることは健康に欠かせません。当市の温泉にもぜひ足をお運びください。

どうする農山村医療

教授をトップとする大学医学部の「医局講座制」には、長所と短所があります。これを改善しようとしたのが国の「医師臨床研修制度」です。平成16（２００４）年に始まりました。

かつて、医師免許を取得すると、研修医として教授の言う通り、どこの病院にでも行かなければなりませんでした。無給の場合もありました。この「徒弟制度」は、研修医には窮屈な側面がある半面、医学・医療の技術を伝達・習得するにはかなり有効で、医者の基本を学ぶことができました。僕にとっても、医局は実家みたいな存在で、診療面で今も頼りにし、時に助けてもらっています。

僕が医学部にいたのは、昭和40年代後半から50年代半ばにかけて。時代は大きく変わりました。高度経済成長はとうに過ぎ去り、教育面でも「ゆとり教育」が導入され、子供も変容しました。医学部に受け継がれてきた徒弟制度は「新世代」には合わなくなってきたようです。

新しい医師研修制度は、教授の意向とは関係なく、全国どこの病院でも研修先として選べるのが最大のポイントです。無給も解消され、一定の給与も保証されるようになりました。

基本的に賛成です。しかし、新たな問題も出てきました。都会や有名病院に研修医が集まるようになり、秋田をはじめ、地方に居着く医師が少なくなる傾向が生じてきたのです。

仙北市西明寺診療所では以前から、へき地医療、特に在宅や訪問診療を学びたいという県内外の研修医

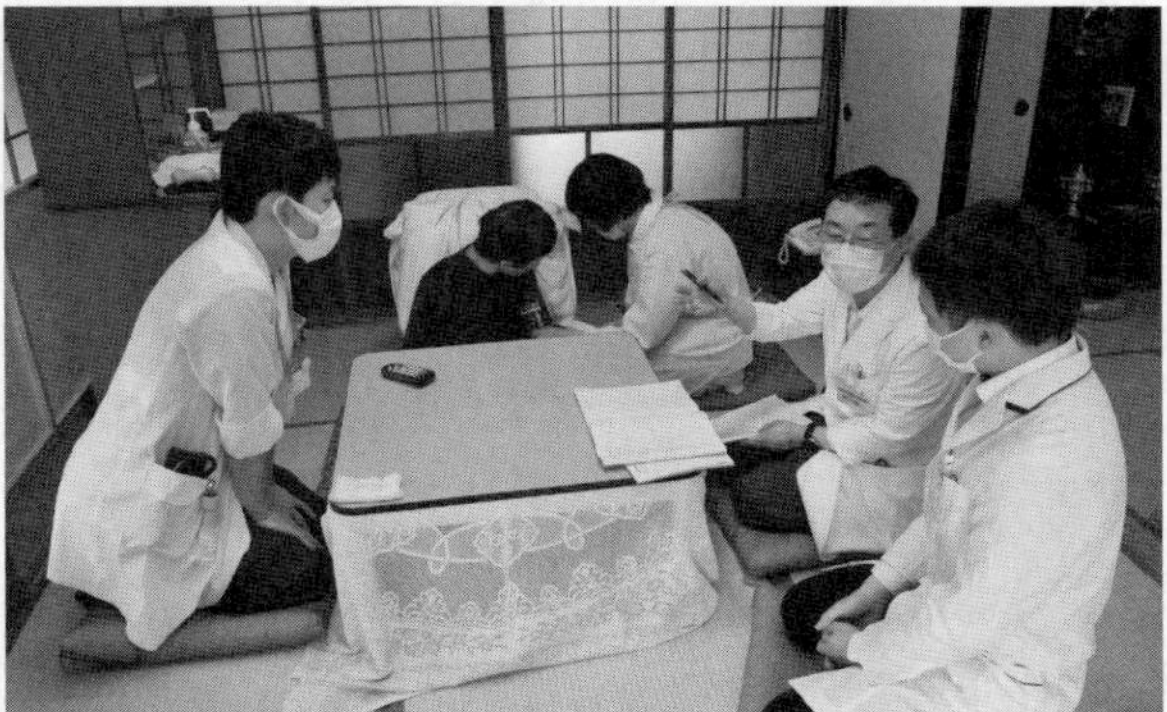
今年4月、研修医を2人受け入れ（右から2人目）

を受け入れています。この4月にも2人が研修しました。研修制度が2年前から地域の在宅医療にも重点を置く方向へ変わったことも、長らく農村医療に従事してきた僕としてはうれしい限りです。

最も心配なのは秋田の農山村をはじめ、過疎地域に医師が来てくれるかどうかです。医者がいなければ地域の方々の命も健康も守れません。どうにか解決策を見いだせないか。西木に住んで22年。診療を続けながら、暗中模索する今日この頃です。

赤ひげ受賞、ただ感謝

知らせを受けた当初、ちょっと信じられませんでした。医者として僕なりに一所懸命やってきたつもりです。でも周囲の評価はまた別でしょうから。地域医療に尽くしてきた医師を表彰する「赤ひげ大賞」（日本医師会など主催）に選ばれた時のことです。

この賞は、江戸期に貧民救済の小石川養生所で活躍した町医者小川笙船《しょうせん》をモデルとした「赤ひげ」にちなんでいます。山本周五郎の小説になり、黒澤明監督の映画にもなりました。主演の三船敏郎は格好良過ぎますが、その末席であれ、「赤ひげ」として加えていただき、至極光栄に思っています。

大賞の発表が令和４（２０２２）年の初め。コロナ禍のため表彰式が3月から5月に延び、期待が膨らんでいたからでしょうか。会場の東京・帝国ホテルに着いた時から、印象深いことの連続でした。

　正面入り口でタクシーを降りると、ホテル従業員からすぐに「市川様、このたびはおめでとうございます」。マスクをしているのになぜ分かったのだろうと不思議でなりません。フロントでも同様の祝福。見回すと私服警察官があちこちで目を光らせています。式には皇族、政治家らの要人が出席するため、私にも、身なりを含め、身辺調査が及んでいたようでした。

　来賓としてすぐ目の前には秋篠宮ご夫妻、それに岸田文雄首相がいらっしゃいます。「地域住民にとってなくてはな

「赤ひげ大賞」を授与される（右）＝東京・帝国ホテル

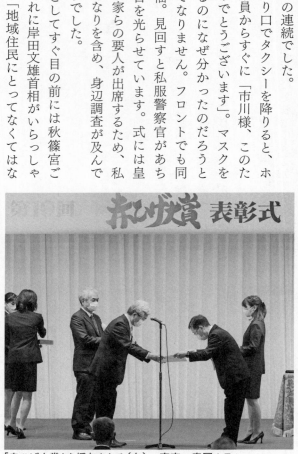

ていただき、とても感動しました。「明るく、頼りがいがあり、なくてはな
らない存在」「まさに現代の赤ひげ先生」「深く敬意を表します」。お祝いの言葉を頂戴し
ている間は緊張しっぱなしで、どこか別世界に迷い込んだような気になりました。

小さい頃から医者に憧れたこと、3浪の末、秋田大医学部に救ってもらったこと、静か
に死を受け入れようとしている男性患者と夕日を眺めたこと…。何より関西人の私を温
かく迎え入れ、充実した医者人生を送らせてくれた秋田のことが脳裏に浮かんでは消えて
いきます。

どういうわけか、受賞の喜び以上に、自分を育んでくれた方々への感謝の思いが胸から
あふれ出るのを感じた表彰式でした。

広報通し世界広がる

医学・医療はとても一人ではなし得ません。平成12（2000）年春、医者が一人の西明寺診療所に着任して、改めて痛感させられました。

それまで20年間にわたり、県内外の病院に勤務、腕を磨いてきたつもりです。専門の泌尿器科関連はもちろん、高血圧や糖尿病といった内科に加え、腹部エコー（超音波診断装置）による診断や、高齢者に起きがちな膝痛などに備えた関節注射の仕方も教わり、診療所赴任に備えました。

しかし、まるっきり勝手が違いました。例えば、レントゲン1枚撮るのにも、看護師と四苦八苦。病院ではレントゲン技師に注文すれば事足れりだったのです。それぞれ専門の技量を持った人が分業して成り立っているのが病院であり、僕はその中の「一人の医者」

でしかなかったのです。

診療は待ってくれません。足りないところを補い、「何でも診療所」になろうと猛勉強を始めました。その際、大きな力になってくれたのが医師会です。医師会は開業医と勤務医がほぼ半々。優れた医療技術だけでなく、医者としての心構えから診療所運営の仕方まで、懇切丁寧に教えてくれました。

2年ほどたった頃、ちょっとした転機が訪れました。県医師会の広報委員になり、世界が広がったのです。広報を担当することでマスコミ関係者をはじめ、医学・医療界とは違う人たちと接する機会が増え、さまざまな意見や見方を吸収できるようになったのです。

医学・医療界は専門職の集まりのせいか、案外、

「赤ひげ大賞」の受賞を県医師会の小玉会長（当時、右）に報告＝平成22年1月

世界が狭いんです。県医師会の広報を「窓口」に医者としてだけでなく、一人の人間として幅を広げさせていただいた、と言った方がいいのかもしれません。

西木村（現仙北市西木町）で診療生活を送りながら、日進月歩の医学・医療にどうにか付いていくことができたのは医師会のおかげです。特に県医師会の小山田雍元会長、小玉弘之前会長の包み込むような指導がなければ、地域医療は実践できなかったと思っています。

農村こそ僕の居場所

秋田に住んで来年で半世紀になります。人生の大半を過ごしたことになります。兵庫県姫路市出身ながら、長男として秋田出身の妻の実家近くに父母の墓を建てました。僕もそこに骨を埋《うず》めるつもりです。

先日、細心の注意を払い、東京に行ってきました。本の街・神田神保町の三省堂本店が建て替えのため、今日8日で閉じるからです。秋田大医学部に入るまで3年間、東京で浪人生活。本好きの僕にとって神保町は、苦しい受験勉強の支えであり、三省堂はその象徴なのです。

誰にでも「心の拠《よ》り所」があるはずです。小さい頃から読書が僕を慰め、励ましてくれました。3浪の末、救ってくれた秋大医学部は医者人生を切り開いてくれました。本と秋大なくして今の僕は存在しません。

医者には役割分担があるようです。大きく分けると、がん治療や再生医療といった最先端研究に身を投じる方々、その果実を吸収しながら大きな病院で検査・治療に専念する先生たち、そして僕のように診療所や開業医として住民のすぐ近くで診療する医者たちです。

人生の分かれ道がいくつかありました。大病院での昇進とか研究者を目指す機会もあったように思います。でも西木村（現仙北市）の診療所に赴任して22年。改めてここへ来て良かったとの感慨を強くしています。僕の居場所は、やはり「農村医療」なのです。地域医療に貢献した医師を表彰する「赤ひげ大賞」や「秋田県文化功労者」に選ばれた時は、心底うれしかっ

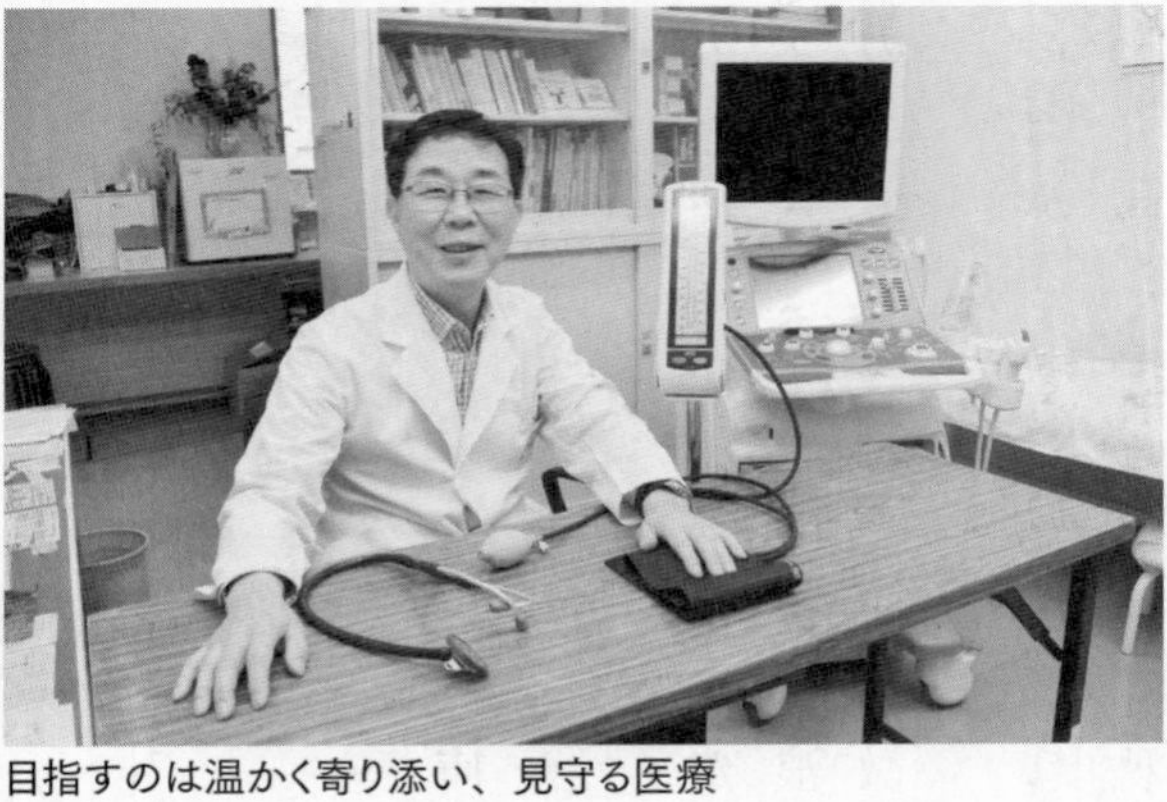

目指すのは温かく寄り添い、見守る医療

た。長年の取り組みを認めてもらったのですから。

僕が赴任した当時、6千人強いた西木地区（村）の人口は現在、4千人余り。人口減と高齢化が急速に進み、診療もさることながら、看取りの在り方が一層問われるようになっています。

生き方に唯一の正解がないように、人生の終わり方も百人百様です。どう向き合うか。悩みは尽きません。でもこれだけはお約束します。どんなときも温かく寄り添い、見守っていますと。

■年　譜

市川　晋一　略年譜

昭和26（1951）年　5月19日、兵庫県姫路市に生まれる
33（1958）年　姫路市立城南小学校入学
39（1964）年　姫路市の私立淳心学院中学校・高校に入学
45（1970）年　医学部を受験し不合格となり、浪人生活に入る
48（1973）年　4月、3浪を経て秋田大医学部に合格し入学
54（1979）年　3月、秋田大医学部を卒業
55（1980）年　医師国家試験に合格し、医師免許を取得。秋田大医学部付属病院泌尿器科に入局
11月、静岡県浜松市の「聖隷三方原病院」に出向
56（1981）年　4月、秋田大医学部大学院博士課程入学

57（1982）年　4月、秋田大医学部に浜松より戻る
58（1983）年　4月、茨城県水戸市の「水戸協同病院」に1年間出向
59（1984）年　4月、秋田大医学部に戻る
12月には大館市の秋田労災病院に短期出向
60（1985）年　3月、大学院修了、医学博士を授与される
4月、大仙市の仙北組合総合病院（現在の大曲厚生医療センター）に科長として赴任
62（1987）年　6月、明美さんと結婚
平成6（1994）年　2月、県農村医学会の学術奨励賞を受賞
12（2000）年　15年間の仙北組合総合病院勤務を経て、4月に西木村立西明寺診療所に赴任
17（2005）年　9月、角館町・田沢湖町・西木村が合併し、仙北市西明寺診療所となる

令和4（2022）年

5月、地域医療に尽力した医師を表彰する「第10回日本医師会赤ひげ大賞」受賞

10月、これまでの功績により2022年の秋田県文化功労者（保健衛生）表彰。

あとがきにかえて

あとがきにかえて

最後までお読みいただき、ありがとうございます。西明寺診療所に赴任して20年あまり、私は「なぜ、関西出身なのに、秋田の、しかも田舎の診療所にいるのですか」と、質問され続けています。「高校生の時から、へき地の農村の住民に十分な医療を提供できるような医者になりたいという信念のもと、農村医療を志してきました」とお答えしても、徳がないせいか、さっぱり信用されません。本書、秋田魁新報連載の「時代を語る」が、その答えになるかもしれません。

当地は、過疎化が急速に進み、高齢化率47%、面積は山手線内側の約4倍、9割が山村で山奥まで多くの住居が散在し、冬の積雪は2メートルを超える厳しい環境の地域です。ここで医者をやっていることが、一部の人の興味を引き、患者さんだけでなく、これまで医学生、研修医の実習や他の行政の視察や、マスメディアが取材に来られました。初めは半信半疑でも、取材を終えるころには、「先生は面白い医師ですね」と妙に感心して帰られました。

本書は、秋田魁新報のベテラン記者鈴木亨さんが、私の話をまとめて書いてくださったものです。鈴木さんは、2月の猛吹雪の頃から桜の散る頃まで、診療所に熱心に通って来られました。「先生は、秋田県人の2倍速くしかも2倍の量を話す、さすがは関西人ですね」と言い、私の記憶が薄れ散漫な、挫折ばかりの人生を上手にまとめて、緩急をつけながら、書いてくれました。ですから本書が幸い好評で反響が大きかったのは、全て鈴木さんの優れた力量のお陰です。

自分の人生を顧みて、回り道ばかりでしたが信念だけはまっすぐ貫いてこられたのは、いついかなる時もそして現在も、多くの方々と出会い、助けていただいたからです。心より感謝申し上げます。最後に、本書を迅速に出版してくださいました秋田魁新報社事業局企画事業部の三浦美和子さんに感謝申し上げます。

2023年5月

市川晋一

僕は村のお医者さん

定　　価	880円（本体 800円＋税）
発 行 日	2023年5月19日
編集・発行	秋田魁新報社
	〒010-8601　秋田市山王臨海町1－1
	Tel. 018(888)1859
	Fax. 018(863)5353
印刷・製本	秋田活版印刷株式会社

乱丁、落丁はお取り替えします。

ISBN978-4-87020-429-4　c0223 ¥800E